초등교사 온보딩 시리즈

오늘부터 초등교사

김승현

김주희

나자연

박혜진

백지완

신다희

이지현

이현경

하민영

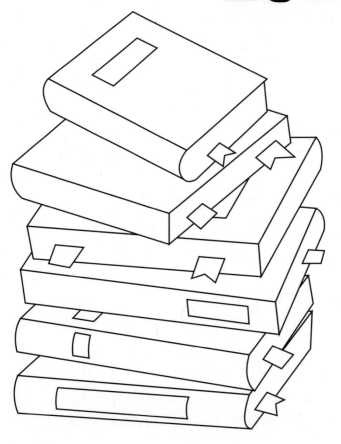

오늘부터 초등교사
아홉 명의 랜선 선배가 들려주는 교직 적응 생존 지식

초판 1쇄	2023년 11월 30일
초판 2쇄	2024년 2월 14일

지은이	김승현 김주희 나자연 박혜진 백지완 신다희
	이지현 이현경 하민영
펴낸이	김광수
편집	김소영
디자인	김경민 김승수
마케팅	김은숙 김경민

펴낸곳	사)초등교사 커뮤니티 인디스쿨
출판등록	2023년 2월 16일(제2023-000050호)
주소	서울시 마포구 양화로12길 8-5 세르보빌딩 2층
홈페이지	www.indischool.com
블로그	brunch.co.kr/@indischool
인스타그램	instagram.com/indischool_
이메일	email@indischool.com

ISBN	979-11-91639-42-1

오늘부터
초등교사

저자 소개

김승현

현직 초등교사이자 교직 생활 노하우, 놀이 교육, 학부모 상담, 교권 추락 등의 콘텐츠를 다루는 교육 칼럼니스트로 활동하고 있다. 도담도담 학급 운영팀, 놀이교육 가바보의 인스타그램과 유튜브 채널에서 콘텐츠를 발행한다. 초등코치 초코샘 블로그(blog.naver.com/choco_sam)를 운영 중이다.

김주희

아이들과 '나를 사랑하고 너를 존중하며 함께 하기에 행복한 우리'의 시간을 보내기 위해 노력하는 교사. 배우고 나누는 것을 좋아해, 늘 무언가 새롭게 할 게 없나 기웃거리는 게 취미. 더 나은 내가 되어야 더 나은 교사가 될 수 있다고 믿기에 오늘도 성장하는 나를 꿈꾼다.

나자연

교대에 가면서도 교사가 되고 싶지 않았었는데, 막상 해 보니 학생들과 교실에서 함께 성장하는 게 생각보다 괜찮잖아? 싶었던 것이 벌써 7년이 흘렀다. 직업인으로서, 사회인으로서, 선생님으로서, 도처에 널려 있는 크고 작은 어려움에 지지 않으려고 아직도 고군분투하는 중.

박혜진

소함행쌤. 회복적 정의를 기반으로 '소중한 너와 내가 함께 만드는 행복한 교실'을 운영하고 있다. 리피스빌딩의 평화 교육 모임, 관계 심리학을 연구하는 교사 모임 등에서 활동하고 있으며, 경기도 교육청 융합 프로젝트 자료 개발을 하고 있다. 빛나는 별과 같은 아이들과 함께 빛나는 교직 생활을 꿈꾼다.

백지완

그림과 글쓰기를 통해 내면을 단단하게 돌보는 작업을 즐겨하는 8년차 교사. 초등 글쓰기 연구회에서 활동하며 그림 글쓰기 콘텐츠를 개발하고 있다. 아이들과 함께 그림을 보고 글쓰기로 마음을 나누는 학급 경영을 추구한다. 이 두 가지야말로 삶을 살아내는 강력한 무기라고 믿기 때문이다.

신다희

어린이들이 더 많은 것을 사랑할 용기를 얻을 때 더 좋은 세상이 올 것이라고 믿으며, 어제보다 오늘 더 나은 사람이 되고자 노력한다. 함께라면 더 즐겁게, 그리고 잘 해낼 수 있다는 생각으로 사)초등교사 커뮤니티 인디스쿨에서 연수를 기획하고 운영하는 팀원으로 활동하고 있다.

이지현

좋은 선생님은 자신 없지만, 나쁘지 않은 선생님 정도는 하고 싶다. 주의깊은 관찰로 아이들의 학습과 성장을 분석하고 돕는다. 다양한 콘텐츠 활용을 통해 즐거운 배움을 만들어 가는 것에 관심이 있으며 학생과 교사 모두 행복한 교실을 위해 노력하는 교사.

이현경

교사와 학생 모두가 행복한 교실을 만들기 위해 학급 경영과 수업에 관한 교육적 고민과 연구를 꾸준히 하고 있다. 교육의 질은 교사의 질을 뛰어넘을 수 없다는 신념으로 학생들의 롤모델이 될 수 있는 사람이 되고자 노력하고 있다.

하민영

교사의 역할은 배움의 조력자라는 관점에서 학습자 중심, 활동 중심 수업을 실천하고 있다. 학생들에게 재미있고 의미 있는 수업을 선물로 주고 싶다. 지금까지 교실 안에서 수업과 학급 운영에 전념했다면, 이제는 그동안 쌓아온 경험 지식을 동료 선생님들과 나누며 함께 성장하고자 한다.

목차

서문   9

제1부 원칙이 살아있는 교육 활동

1장 | 교사에게 철학이 필요한 시간, 나에게 던지는 다섯 가지 질문   14

2장 | 10년 차에 정리해 본 학급 운영과 수업 준비 원칙   31

제2부 평화로운 학급 운영을 위한 갈등 지도 방법

3장 | 저학년, 고학년 전혀 다른 갈등 양상: 나이대별 갈등 지도법 이해하기 55

4장 | 갈등의 씨앗을 감동의 기회로 바꾸는 학급 갈등 해결 방법   70

제3부 학생과 학부모를 넘나드는 관계의 기술

5장 | 혼내기의 기술: 우리에게 필요한 건 화내지 않는 단호함   96

6장 | 학부모 상담이 어려운 초임 교사를 위한 데이터 기반 상담법   111

제4부 지치지 않는 교직 생활을 위한 습관

7장 | '개복치 교사'의 롱런을 위한 마음 습관　　　　　　127

부록

신규 업무 마지노선: 월별 이것만 챙기면 사고는 안 친다　　　　148

학교 용어 대사전: 암호 같은 학교 용어 풀이 해 드립니다　　　　158

서문

정신건강의학과 조선미 교수는 어린이들은 긴장을 견디고, 실수로 인한 고통을 겪어내고, 실패와 좌절에 힘들어도 스스로를 달래고 다시 일어설 때 성장하며 행복해진다고 합니다. 그러나 어린이들 간의 자그마한 갈등이 사과와 용서로 화해되는 대신 가해자와 피해자의 이름으로 갈라지고, 학생의 생활지도가 신변을 위협하는 위험한 일이 된 2023년의 학교에서 실수와 좌절을 극복하는 어린이들의 성장기를 기대하기는 어렵습니다.

긴 시간 동안 서서히 아수라장이 된 학교 현장에서 올여름 우리는 몇 명의 교사를 떠나보내야 했습니다. 비통에 잠긴 교사들은 여름내 토요일마다 검은 옷을 입고 끓는 아스팔트 위에서 '가르치고 배우는 일이 가능한 정상적이고 안전한 학교를 만들어 달라'고 부르짖었습니다. 제도와 사회의 변화는 아득히 멀고, 학교 현장은 어둠에 잠식된 것처럼 느껴지기도 합니다. 그러나 작은 것이 작지 않다고, 그러니 큰 어둠에 지레 겁먹지 말고 작고 여린 빛이라도 내야 한다던 소설가 이승우 씨의 말처럼 어둠이 짙게 드리운 교육 현장에서도 우리는 새로운 동료를 환대하는 작고 여린 한 권의 책을 펴냅니다.

이 책은 신규 초등 교사가 교직의 세계에 안전하게 적응하도록 돕고자 만들었습니다. 인디스쿨의 랜선 선배들이 자신의 실수와 실패, 성장의 경험을 나누고 엮었습니다. 구체적인 방법은 다르지만 대부분의 조직은 신입 직원이 조직에 적응하는 과정을 제공하고, 이 과정을 인사관리 용어로 온보딩^{on-boarding}이라고 합니다. 조직은 온보딩을 통해 조직의 미션, 문화, 직무에 대한 이해를 높여 직원이 조직에 빠르게 적응하고 성과를 낼 수 있도록 돕습니다. 그러나 보통 신규 교사가 학교에 적응하는 경험은 이와는 다릅니다. 신규 교사는 환영과 적응이 필요한 존재라기보다는 이미 완성된 기능을 갖춘 하나의 모듈처럼 입사 첫날부터 각 교실에 투입되어 그 기능을 수행해야 합니다. 가뜩이나 불안정한 학교 현장에서 충분한 정보와 환대를 제공받지 못한 신규 교사는 조직 사회화를 통한 원활한 적응 대신 동체 착륙 사고와도 같은 교직 적응 경험을 하기도 합니다. 신규 교사의 교직 적응이 갑자기 당하는 사고의 경험이 되지 않도록 인디스쿨은 우리의 새로운 동료를 따뜻하게 맞이하고자 합니다.

긴장을 견디고 실수와 실패, 좌절을 겪어내며 다시 일어설 힘을 길러내는 과정은 비단 어린이의 일만은 아닐 겁니다. 인간이라면 누구나 평생에 걸쳐 이러한 성장을 겪어내야 합니다. 어른들이 먼저 스스로의 성장을 게을리하지 않고, 그 건강한 고통스러움 뒤에 따라오는 열매의 맛을 기억하며 어린이들의 성장 여정을 응원하는 행복한 보호자가 될 수 있기를 바라봅니다.

아홉 저자의 작고 여린 빛이 깊은 어둠의 터널처럼 보이는 교직의 세계로 들어온 동료 선생님께 가 닿기를 바라며, 이 책을 펴냅니다.

제1부

원칙이 살아있는
교육 활동

1장

교사에게 철학이 필요한 시간, 나에게 던지는 다섯 가지 질문

하민영

나에게 던지는 다섯 가지 질문

교대 입학부터 교육 실습, 졸업과 임용고시까지… 일련의 과정을 거쳐 우리는 교사가 되었다. 합격해서 기뻤고 학생들을 만날 생각에 설레었다. 학생들과 함께할 활동 계획을 세우고 '좋은 선생님이 되고 싶다'고 생각했다. 하지만 현실은 녹록지 않았다. 학생들에게 친절하고 다정하게 대했더니 점점 선을 넘고 나를 만만하게 보는 것 같았다. 문제 행동을 여러 번 지도했는데도 말을 안 듣고 똑같은 잘못을 반복한다. 표정이 굳고 언성이 높아져 간다.

업무는 또 왜 이렇게 많은지⋯⋯. 업무를 하다 보면 수업 준비가 밀려 밤늦게 수업 준비를 한다. 여기저기서 자료를 찾고 다

운받고 '내일 뭐 하지? 내일 어떻게 하지?' 고민하면서 하루살이처럼 수업을 해 나간다. 문제 행동으로 수업을 방해하는 학생들을 어떻게 지도해야 할지 모르겠다. 좀 더 엄하게 지도하면 내 말을 들을까? 학부모에게서 항의 전화가 온다. 위축되고 조심스러워진다.

내가 학생이었을 때는 열심히 하는 만큼 결과를 이룰 수 있었다. 하지만 우리반 학생들은 내 마음대로 안 된다. 학생들의 잘못이 내가 지도를 제대로 못한 탓이 된다. 열심히 했는데 내가 한 교육의 결과는 보이지 않는다. 나는 지금 잘하고 있는 걸까? 길을 잃었을 때 어디에서 답을 찾아야 할까?

답 없는 질문을 계속 자신에게 던지는 것, 그리고 답을 찾아 길을 떠나는 것. 그것이 바로 나만의 교육 철학을 세워가는 것이 아닐까? 이제 나에게로의 여행을 떠날 시간이다. 자기 자신을 아는 것이 가장 중요하다. 먼저 아래의 질문에 답해보자. 뒷부분을 보고 참고할 수도 있겠지만 사고가 제한될 것이다. 그러니 잠시 멈추고 최대한 생각나는 대로 답을 써 본 후 이어서 읽기를 권한다.

- 나는 어떤 교사가 되고 싶은가?
- 학생들이 어떻게 성장하기를 바라는가?
- 학생들에게 무엇을, 어떻게 가르칠 것인가?

• 학생들 사이에서 갈등이 발생했을 때 교사는 어떤 역할을
해야 하는가?

• 내 교실의 규칙은 무엇인가?

나는 어떤 교사가 되고 싶은가

'무엇이 될까'보다 '어떻게 살까'를 꿈꾸라고 한다. 스스로 물어보자. 나는 어떤 교사가 되고 싶은가? 나는 블로그에 그때그때 생각난 것들을 쓰고 비공개로 저장해 두는 습관이 있다. 덕분에 신규 때 세웠던 교사로서의 목표를 지금도 확인할 수 있다. 그때 나의 목표는 민주적인 교사, 수업 잘하는 교사, 치유하는 교사였다.

민주적인 교사

민주주의를 경험한 아이들이 자라서 민주 시민이 될 수 있다고 생각했다. 그래서 나부터 민주적인 교사가 되어야겠다고 결심했다. 저경력 교사였을 때, 학생들 간의 소통이 중요하다고 생각해서 종례할 때마다 서로에게 칭찬이나 고마운 점 말하기를 진행한 적이 있었다. 이 활동을 통해서 학생들의 관계가 돈독해지고 학급 분위기가 좋아지며 학생들이 바람직한 방향으로 변화되고

있다고 생각했다. 그런데 어느날 한 학생이 학급 SNS 쪽지로 '선생님, 수업 끝나고 칭찬, 고마운 점 말하기를 안 하거나 다른 시간에 했으면 좋겠어요. 그것 때문에 학원에 늦게 가면 학원 선생님이 혼내요. 다른 것은 모두 좋아요. 감사합니다♡'라고 보내왔다. 그 쪽지를 받고 손이 부들부들 떨릴 정도로 화가 났다. 학생이 나를 공격하는 것처럼 느껴졌고 학교보다 학원이 중요하냐며 혼내고 싶은 충동이 들었다. 권력자들이 왜 독재하는지, 왜 쓴소리하는 충신들은 멀리하고 달콤한 말만 하는 간신들만 곁에 두는지 알 것 같았다. 하지만 이 학생이 자신의 의견을 주저 없이 나에게 표현할 수 있었던 것은 내가 민주적인 교사라는 방증이었다. 마음을 고쳐먹고 학생의 의견을 반영하여 칭찬 말하기 시간을 수업 시간에 하는 것으로 바꿨다. 아무리 좋은 활동이라도 수업이 끝난 시간에 한다면 어떤 학생이 좋아할까? 더구나 그 활동으로 인해 학원 선생님께 자주 혼이 난다면 말이다.

수업 잘하는 교사

막상 교사가 되었는데 수업과 업무 사이 양다리를 걸치고 있는 느낌이다. 교사의 본업은 수업인데 시간에 쫓겨 행정업무를 하다 보면 수업 준비는 뒷전으로 밀리고 만다. 이것을 방지하기 위해 업무처리보다 수업 준비를 먼저 하는 것을 나만의 루틴으로 삼아왔다. 교사의 전문성이 빛을 발하는 순간은 바로 수업이라고 생각한다. 수업을 잘한다는 것은 무엇일까? 어떻게 하면 학생들을 잘 가르칠 수 있을까?

나는 학생들이 학습에 재미를 느끼고 적극적으로 참여하여 성취 기준에 도달하는 수업이 좋은 수업이라고 생각한다. 그렇다면 학생들은 언제 재미를 느낄까? 바로 무언가를 직접 할 때, 그리고 그것이 '해볼 만하다. 내가 할 수 있겠다.'라고 느껴질 때다. 재미있으면 계속하게 된다. 계속하면 잘하게 된다. 잘하게 되면 더 재미있어진다. 나는 이런 선순환이 일어나도록 학생들을 지도해 왔다. 교사가 혼자 말하고 학생들은 앉아서 듣기만 하는 강의식 수업은 따분하고 지루하다. 나는 학생 중심, 활동 중심으로 수업한다. 수업을 시작하고 전시 학습 상기 약 5분, 학습 문제와 학습 순서 안내에 약 5분 정도 할애한다. 학생들이 중심이 되어 활동하는 시간을 충분히 확보하기 위해 수업 도입을 더 짧게 하는 경우도 있다.

너무 조용하기만 한 수업은 지양한다. 교사와 학생, 학생과 학생 사이에 상호작용이 활발해야 좋은 수업이라고 생각하기 때문이다. 마지막 10분은 학생들이 무엇을 배웠는지 이야기를 나누고 학습 정리를 한다. 중요한 내용은 두 번, 세 번 반복한다. 이러한 활동 중심 수업은 성취도가 높은 학생들에게 적합한 수업이다. 느린 학습자의 경우 활동의 의미를 이해하지 못하는 경우도 많으므로 자칫 활동은 즐겁게 했으나 머리에 남는 것은 없는 수업이 될 수도 있다. 이런 학생들에게는 교사가 쉽고 명확하게 핵심을 설명해 줄 필요가 있다.

치유하는 교사

학창 시절 고민은 많았지만 속앓이만 했던 나는 학생들의 고민을 들어주고 상담해 주는 선생님이 되고 싶었다. 그러나 학생들에게 열린 마음으로 다가갔지만 학생들은 정작 심각한 문제에 대해서는 쉽게 말을 꺼내지 않았다. 나의 역량이 부족해서 나는 누군가를 치유할 수 있는 사람이 아닌 것 같아 좌절했던 적도 있었다. 그럼에도 불구하고 치유하는 교사를 목표로 삼았기에 꾸준히 노력하였다. 학생들이 쉽게 문제를 꺼내지 않는 것은 초등학생의 발달 단계상 자신의 문제를 언어로 명확하게 표현하는 것이 어렵기 때문이라는 것을 깨닫게 되었다. 그래서 물고기 가족화[1] 등의 방법으로 그림을 통해 학생들의 마음을 이해해 보려 노력했다. 덕분에 지금은 학생들의 문제 행동보다는 내면의 상처를 보는 교사가 되었다고 생각한다. 그동안 쌓인 시간과 경험이 나를

---

1 학생들에게 어항이 그려진 검사지에 자기 가족을 물고기 가족으로 그리라고 한다. 그 외에는 자유롭게 표현하도록 한다. 물고기의 방향, 크기, 거리 등을 통해 가족 구성원 간의 관계를 짐작할 수 있다. 매년 학급에서 물고기 가족화 검사를 실시했는데 정서적 도움이 필요한 학생을 발견할 수 있어 학급 운영에 유용했다. 미술치료는 꾸준한 수련이 필요하므로 초보 단계에서는 학생을 이해하는 참고 자료 정도로만 활용하기를 바란다.

내가 바라던 교사상에 어느 정도 가깝게 해주었다고 생각한다. 요즘에는 새로운 목표가 생겼다.

사랑을 주는 교사

교사가 교육만 하면 되지 사랑까지 주어야 하냐고 묻는 분이 있을지도 모르겠다. 그런데 담임을 하다 보면 정말 안타까운 아이들을 많이 만나게 된다. 친구들은 두꺼운 패딩을 입고 다닐 때 얇은 잠바만 걸치고 다니는 아이, 기본 학용품도 준비하지 못해 눈치 보는 아이, 부모의 정서적 돌봄이 부족한 아이, 이혼·조손·다문화 가정이라는 환경 때문에 심리·정서적으로 문제를 겪는 아이들……

나는 이런 아이들에게 '학교 엄마'가 되어주고 싶다. 눈 마주치고 웃으면서 "안녕?"하며 인사하는 것, 머리 한 번 더 쓰다듬어 주고 헤어질 때 꼭 안아주는 것은 돈이 들지 않는다. 요즘에는 교육복지 프로그램을 신청해서 아이들에게 다양한 경험, 행복한 추억을 선물로 줄 수도 있다. 교사가 아이들에게 주어야 하는 것은 지식뿐만 아니라 한 인간에 대한 진실한 관심과 사랑이다.

어떤 교사가 되고 싶은가? 자신에게 말을 걸어보자. 내면의 목소리에 귀 기울여 보자. 선생님께서 생각하시는 것! 그것이 옳다. 실천하기에는 3가지 정도의 목표가 좋다. 생각나는 것들을 모두 적고 난 뒤, 중요하다고 생각하는 순서대로 3가지를 골라 우선

실천해 보자. 매월 말에, 아니면 연말에라도 잠깐 짬을 내어 그동안 실천했던 것들을 반추하고 성찰해 보자. 부족한 점이 있었다면 조금씩 보완하고 개선해 나가면 된다. 그렇게 하루하루, 한 해한 해 조금씩 나아지면 된다.

학생들이 어떻게 성장하기를 바라는가

2022년 12월 22일에 고시된 2022 개정 교육과정을 보면 교육과정이 추구하는 인간상이 나와 있다.

가. 전인적 성장을 바탕으로 자아 정체성을 확립하고 자신의
진로와 삶을 스스로 개척하는 **자기 주도적인 사람**
나. 폭넓은 기초 능력을 바탕으로 진취적 발상과 도전을 통해
새로운 가치를 창출하는 **창의적인 사람**
다. 문화적 소양과 다원적 가치에 대한 이해를 바탕으로 인류
문화를 향유하고 발전시키는 **교양 있는 사람**
라. 공동체 의식을 바탕으로 다양성을 이해하고 서로 존중하
며 세계와 소통하는 민주 시민으로서 배려와 나눔, 협력을 실
천하는 **더불어 사는 사람**

이러한 인간상을 구현하기 위해 교과 교육과 창의적 체험 활동을 포함한 학교 교육 전 과정을 통해 자기 관리 역량, 지식 정보 처리 역량, 창의적 사고 역량, 심미적 감성 역량, 협력적 소통 역량, 공동체 역량을 중점적으로 길러야 한다고 제시하고 있다. 이것은 학생들을 이렇게 길러야 한다고 국가가 제시한 것이다. 그렇다면 나는 어떤 교육을 하고 싶은가? 나의 교실에서 1년을 보낸 학생이 어떤 모습이 되기를 바라는가?

나는 학생들이 행복한 사람으로 성장하기를 바란다. 아무리 똑똑하고 돈이 많아도, 사회적으로 성공했어도 불행하다면 그게 다 무슨 소용일까? 영화 <곡성>의 명대사를 자주 곱씹는다. "뭣이 중헌디."

아이들은 언제 행복할까? 물질적인 풍요도 행복의 조건이겠지만 아이들은 존중받고, 자신의 능력을 믿어주는 사람이 있을 때 행복을 느낀다. 존중받고 자란 아이는 주도적이고 창의적이다. 자기 생각과 의견을 표현할 때 주저하지 않으며 눈치 보지 않는다. 자신이 존중받듯이 상대방을 존중하며 더불어 사는 사람으로 자랄 것이다. 자기 능력을 믿어주고 격려해 주는 사람이 있을 때 아이는 실패에 좌절하지 않고 끊임없이 도전하며 성취를 이룰 것이다.

학생들이 행복해지려면 삶과 밀접한 교육을 해야 한다. 나는 학생들이 가슴 뛰는 삶을 살기를 바란다. 인생은 한 번만 읽을 수 있는 책과 같다. 지나간 페이지는 다시 읽을 수 없기에 우리는 지금, 여기에서 행복해야 한다. 나는 학생들이 한 번뿐인 인생을 소중히 여기고 자신의 삶을 가꾸어 나가기를 바라고 교육한다. 우리 반 학생들이 행복한지, 행복하지 않은지는 표정을 보면 알 수 있다. 아이들은 순수해서 표정에 다 드러난다. 표정을 감추는 아이는 그만큼 상처가 많은 아이일 것이다. 학생들에게 카메라를 들이대고 웃어보자고 해보자. 사진을 자주 찍어서 기계적으로 웃는 아이도 있을 것이고 무표정한 아이, 어딘가 화난 표정의 아이도 있을 것이다. 진정한 웃음을 보여주는 아이는 몇이나 될까?

대한민국에서 행복한 아이를 찾기가 쉽지 않다. 부모는 맞벌이해야 하기 때문에 아이를 일찍부터 보육 기관에 맡긴다. 또 우리 아이가 다른 아이들보다 뒤처질까 일찍부터 무리한 양의 공부를 시키기도 한다.

나는 학생들을 행복한 사람으로 기르기 위해 3월 초부터 학생들에게 어떤 도움이 필요한지 면밀히 살핀다. 학습 과정에서 실패와 좌절을 경험하여 위축된 학생에게는 방과 후 학습을 지원하여 학습을 따라갈 수 있게 도와준다. 감정 조절이 힘든 학생에게는 감정 조절법을 알려주고 친구들과 갈등을 겪는 학생에게는 언어로 갈등을 해결하는 방법을 알려준다. 학생들의 놀고 싶은 욕구, 쉬고 싶은 욕구에 귀 기울인다. 때로는 아이의 마음을 몰라주는 학부모께 아이를 대변해 말씀드리기도 한다. 아이들은 행복할 때 잘 배울 수 있고, 잘 배워야 행복한 사람으로 성장할 수 있다고 말이다.

학생들에게 무엇을, 어떻게 가르칠 것인가

교사가 학생들에게 무엇을 가르쳐야 하는지는 국가 수준 교육과정에 각 교과의 성취 기준으로 제시되어 있다. 그리고 그에 따라 교과서와 교사용 지도서도 개발되어 있다. 과거의 교사들은 잘 만들어진 내용을 그대로 전달하는 역할만 하면 되었다. 그러나 최근에는 교육과정-수업-평가를 설계하는 디자이너로서의 교사 역할이 강조되고 있다. 교과서는 교육과정 그 자체가 아닌 교육자료에 해당하기 때문에 굳이 교과서를 사용하지 않아도 교육과정 성취 기준에 도달할 수 있는 수업을 구성한다면 아무런 문제가 되지 않는다. 그런데도 많은 교사가 교과서를 벗어난 수업을 주저하고 있다.

물론 교과서는 학생들을 교육할 때 매우 효과적인 자료다. 수업의 모든 차시마다 새로운 학습지를 인쇄해서 나눠준다면 그것 또한 자원 낭비이고 환경 오염일 것이다. 그러므로 쓸 것은 쓰고 버릴 것은 버리면서 교과서를 선택적으로 활용하는 것이 가장 좋다. 교사가 국가 수준 교육과정에 대한 자율권을 행사하기 위해서는 '교육과정 문해력'을 갖추어야 한다. 교육과정 문해력을 바탕으로 교육과정을 재구성한다면 성취 기준에 도달하고 남은 여유 차시에 교사 재량의 다양한 활동을 학생들과 함께할 수 있을 것이다.[2]

3~6학년 국어, 도덕을 제외한 모든 교과가 검정 교과서 체제가 되면서 수업을 준비하기가 더 힘들어졌다고 한다. 아무리 좋은 자료여도 출판사가 다르면 활용할 수 없다고 생각하기 때문이다. 하지만 교사는 교과서가 아니라 교육과정에 근거하여 가르쳐야 한다. 성취 기준에 도달하는 데 다른 출판사의 자료가 더 좋다면 그것을 활용하는 것은 교사의 자율이다.

수업 방법에도 새로운 시도를 끊임없이 해보면 좋겠다. 나는 학생들이 '놀면서 배운다'고 생각하기 때문에 수업 방법에 게임 형식을 많이 활용한다. TV 예능 프로그램을 보다가도 '이 방법을 수업에 활용하면 어떨까?' 하는 생각을 많이 한다. 실제로 시도해보면 학생들 반응도 좋고 기존 수업보다 학습 효과가 더 좋을 때도 있다. 창의적인 학생들을 기르기 위해서는 교사가 먼저 창의적인 사람이 되어야 한다. '수업은 이렇게 해야 한다'는 고정관념을 깨고 '어떻게 개선할 수 있을까'를 계속 고민한다면 답을 찾을 수 있을 것이다.

---

2 유영식(2018). **교육과정 문해력**(교육과정-수업-평가-기록 일체화와 과정중심평가 KEY). 테크빌교육.

교대 다닐 때 했던 모의수업 생각해 보면 학생들이 학습 준비가 항상 100% 되어있다고 가정하고 수업을 했다. 하지만 실제 학교 현장은 그렇지 않다. 학생들 사이 갈등은 수시로 일어나고 심각할 때는 갈등을 해결하느라 수업 시간을 다 써버리기도 한다. 문제 상황을 교사가 직접 목격한 경우는 해결이 빠른 편이다. 학생들의 진술로만 상황을 파악해야 할 때, 상대방이 더 잘못했다며 비난할 때는 참 난감하다. 이럴 때 교사는 고민에 빠지게 된다. 잘 가르치는 것만 생각했는데 중재를 잘하는 것도 교사의 역할이었다.

학생들 사이 갈등이 발생했을 때 교사는 어떤 역할을 해야 할까? 아이들은 수시로 선생님을 찾아온다. 누가 더 잘못했는지 판정을 내려달라, 누가 범인인지 찾아달라고 한다. 이 상황에서는 어떻게 해야 하는지 결정해달라고 하기도 한다. 과연 이것이 교사의 역할일까? 교사는 판사도 아니고, 형사도 아니다. 시비를 가리거나 취조하는 것은 교사의 일이 아니며 교육적으로도 바람직하지 않다. 학생들의 문제를 교사가 대신 해결해 주는 것은 학생들의 문제 해결 능력 향상에도 도움이 안된다. 이럴 때 교사는 갈등 상황을 배움의 기회로 삼고 학생들이 갈등을 평화롭게 해결하는 경험을 가질 수 있도록 도와주어야 한다.

학생들 사이 갈등이 발생했을 때 이렇게 말해보자.

"선생님은 누가 범인인지 찾는 일엔 관심 없어. 그건 선생님이 하는 일이 아니야. 이미 벌어진 일은 엎질러진 물과 같아. 주워 담을 수 없어. 대신 앞으로 비슷한 일이 또 생긴다면 어떻게 할지 함께 이야기해 보자."

내 교실의 규칙은 무엇인가

학생들과 교실에 있으면 '무엇은 되고, 무엇은 안 되는지' 사소한 것을 끊임없이 말해주어야 한다. 이때 교사에게 교실에서 해도 되는 것과 하면 안 되는 것의 기준이 있으면 학생들을 일관성 있게 지도할 수 있다.

아동심리 전문가 정유진은 에릭슨^{Erik Homburger Erikson}의 심리 사회 발달 이론과 조절 이론을 토대로 존중과 훈육을 통해 어떤 덕목을 길러 줄 수 있는지 안내한다.[3] 그리고 '어떨 때 존중하고 어떨 때 훈육해야 하는가?'라는 질문에 '훈육 거름망'을 제시한다. 훈육 거름망은 안전(위험한가?), 예의(다른 사람에게 피해를 주는

3　정유진(2019). **아이의 떼 거부 고집을 다루다**(찹쌀떡가루의 떡육아 프로젝트: 훈육편). 미스터제이.

가?), 적응(기관에서 같은 행동을 했을 때 문제가 되는가?) 세 가지 판단 기준을 제시한다. 나는 이 세가지 기준이 교실에도 적용가능하다고 보았다. 그래서 학생들의 행동을 지도해야 할지 존중해야 할 지 판단할 때 다음과 같은 기준을 고려하게 되었다.

첫째, 자신이나 타인을 다치게 할 수 있는 위험한 행동은 하지 않는다. (안전)

둘째, 타인에게 피해를 주는 행동(언어폭력, 신체 폭력, 사이버폭력 포함)은 하지 않는다. (예의)

셋째, 학교에서 지켜야 할 규칙을 어기는 행동은 하지 않는다. (적응)

여기에 해당하면 단호하게 지도한다. 이외의 것은 학생을 존중하고 허용하는 편이다. 나는 학생들이 쉬는 시간에 칠판에 그림 그리는 것을 허용한다. 위험한 행동도 아니고 타인에게 피해를 주는 행동도 아니고 규칙을 어기는 행동도 아니기 때문이다. 대신 수업 시작할 때가 되면 칠판을 깨끗한 상태로 만들어 두라고 지도한다. 그러나 교실이나 복도에서 뛰는 학생, 교실 문에서 장난치는 학생, 물건을 던지는 학생은 단호하게 지도한다. 안전과 관련된 위험한 행동이기 때문이다. 너무 많은 것을 안 된다고 제한하면 반발심만 커진다. 학생들도 너무 꽉 잡으면 터지거나 튕

겨 나가기 마련이다. 성공적인 학급 운영을 위해서는 교사와 학생 사이에 서로 존중하는 관계가 필수다. 학생들이 교사의 울타리 안에서 안전하고 자유롭게 지내는 것이 중요하다.

끊임없이 성장해야 하는 존재, 교사

임용고시에 합격하면 '교사가 된다'고 생각했다. 하지만 부족함이 많았다. 합격의 기쁨은 오래가지 않았다. 나에게 신규 시절은 담임 업무와 행정 업무, 학교 내 인간관계에 적응하며 살아남기 위해 고군분투했던 시절로 기억된다. 목마른 사람이 우물을 파듯이 닥치는 대로 교육과 관련된 책을 읽고 연수를 들었다. 교직 생활을 하며 읽은 <감정코칭>, <교사를 위한 아들러 심리학>, <학급 긍정 훈육법>, <학급 운영 시스템>은 내 교직 생활의 길잡이가 되어주었다. 지금도 답을 모르겠을 때 몇 번이고 다시 펼쳐 읽어본다. 내가 이 글을 쓴 이유는 신규 및 저경력 선생님들께 내 생각을 전수하기 위함이 아니다. 이런 길도 있다고 보여드리기 위함이다. 많은 사람이 이 길을 함께 걷는다면 길은 넓어지고 잘 닦일 것이다. 수업 중에 칠판이나 화면에 답을 보여주면서 학생들에게 꼭 하는 말이 있다.

"이거 정답 아니야. 참고하라고 보여 주는 거야. 이제 네 생각을 써보렴."

　우리는 언제, 어디에서나 배울 수 있다. 나보다 잘난 사람에게서 배울 수도 있고, 그렇지 않은 사람에게도 배울 수 있다. 우리의 교직 문화가 고경력이 저경력에게 가르침을 주는 수직적인 관계보다는 서로가 서로에게 배우는 수평적인 관계가 되면 좋겠다.

　임용 합격은 끝이 아니고, 시작이다. 교사란 부단한 훈련을 통해 만들어지며 끊임없이 배우고, 성장해야 하는 존재다. 지금 부족함을 느낀다면 그것은 성장통일 것이다. 새롭게 태어나려면 알을 깨고 나와야 한다. 알을 깨려면 계속해서 질문을 던져야 한다. 오늘도 이 길 위에서 묵묵히 걷고 있는 당신을 응원한다.

2장

10년 차에 정리해 본
학급 운영과 수업 준비 원칙

김주희

어느새 10년 차가 되었다. 나름대로 나만의 것들이 생긴 듯한 기분이 든다. '나만의 것'이라고 말하면 거창해 보이지만 다르게 말하면 '내가 쉽게, 잘할 수 있는 것'이라고 할 수 있다. 동학년을 따라, 인디스쿨의 자료를 따라 이것저것을 시도해 보고 그중에 나에게 맞는 것을 선택하며 지금의 모습이 되었다. 앞으로 변할 수 있고 지금의 것이 완벽하다고 생각하지는 않지만, 내가 늘 주변의 도움을 받아왔고 나 역시 누군가에게 도움이 되길 바라는 마음을 담아 글을 시작해 보려고 한다. 다양한 음식이 차려진 뷔페에서 내 취향에 맞는 음식이 한 가지는 있듯, 나의 학급 운영 이야기 속에서 한 가지라도 신규 선생님들께 도움이 될 수 있길 바라본다.

3월 학급 세우기

많은 선생님이 그러하듯 3월에 가장 공을 들이는 편이다. 크게 두 가지에 집중해 3월을 보내는데 첫째는 꼼꼼한 생활지도이고, 둘째는 우리 반 소속감 키우기이다.

교사의 스타일에 따라 꼼꼼한 생활지도의 의미가 다를 수 있지만 내가 생각하는 꼼꼼한 생활지도는 '여기까지가 우리가 생활할 수 있는 곳이야. 이곳이 우리의 약속된 장소야'를 알려주는 견고하고 안전한 울타리를 만드는 일과 비슷하다고 생각한다. 그렇기 때문에 평소 수업 분위기를 해치거나 주변에 피해를 주는 행동을 하는 경우 반복해 피드백을 준다. 또 아이들 활동을 확인하고 검사하는 것 역시 최대한 빈틈없이 해서 '내가 대충 하면 안되는구나. 선생님은 다 보고 있구나'라는 인식을 심어주려고 한다. 이런 생활지도를 할 수 있는 이유는 내가 세밀하게 체크하는 것을 좋아하고, 통제하는 것을 어려워하지 않는 성향이기에 가능하다. 그냥 보고 지나치는 것이 나에게는 더 어려운 일이다.

일관된 지도를 위해 나의 한정된 에너지와 한계를 정확히 알고, 꾸준히 할 수 없거나 스트레스 받는 것은 빠르게 포기하는 편이다. 대충 넘어가는 일이 없는 나는 아이들에게 역할을 나눠주고 믿고 맡기는 것이 쉽지 않았다. 역할을 주고 맡겼다가 되려 '내가 하고 말지'의 늪에 빠져, 일은 일대로 많아 힘든데 아이들은 알아주지도 않는 상황이 생기기도 했다. 그렇기 때문에 수업, 생활, 질서, 안전을 포함하는 학급 운영에 있어 아이들의 성향도 중요하게 고려할 점이지만 그 전에 교사의 성향에 맞게 시작해보는 것이 좋다고 생각한다. 이렇듯 '나만의 것'을 찾기 위한 첫 번째 방법은 바로 내가 어떤 사람인지를 아는 데서 시작하니, 이것저것 시도해 보고 많이 도전해 보며 맞는 것을 찾아가라고 권해드리고 싶다. (나도 꽤 많이 우당탕탕 했다는 점을 꼭 알리고 싶다. 사실 지금도 열심히 우당탕탕거리고 수습하고 있지만, 그래 보이지 않는 요령이 조금 더 생겼을 뿐이다.)

학급 소속감을 키우기 위해서 최근 매년 하는 활동은 크게 3가지이다. 바로 학급 이름 공모전과 학급 마스코트 공모전, 그리고 전체 보상 제도이다. 단순히 몇 학년 몇 반이 아닌, 아이들의 아이디어를 모아 투표로 반 이름을 정하면 김춘수 시인의 시 <꽃>의 한 구절 '내가 그의 이름을 불러 주었을 때 그는 나에게로 와서 꽃이 되었다'처럼, 아이들 역시 반에 대한 시선과 애정이 조금 달라진다. 반 이름을 정한 뒤 마스코트 공모전을 진행하는데 이렇게 정해진 이름과 캐릭터가 1년 내내 활용되고 불리면서 아이들에게 소속감이 생기는 게 느껴진다.

함께 하기에 특별한 1학년 2반 이름 정하기

1학년 2반 멋진 (   )

• 희망자만 제출합니다.
• 누가 했는지는 비밀!(친구들에게 내가 지은 이름이 원지 투표 끝날 때까지 비밀입니다.) 마지막에 결정되면 누가 만든 이름인지 공개됩니다.
• 3/23(목) 투표 예정
• (예시)
  신호등 반 - 신호등처럼 나쁜 행동은 멈추고(빨간불), 멋진 행동은 열심히 하는 우리 반(초록불)
  6학년 3반이라면 - 63빌딩 반
  4학년 2반이라면 - 42좋은 우리 반
  2학년 5반이라면 - GS25반(편의점의 다양한 물건들처럼 다양한 친구들이 모여 멋진 반을 만드는 우리!)
• 예시처럼 멋진 의미를 담아도 좋고, 숫자를 활용해도 좋아요. 정답은 없으니 다양하고 재미있는 아이디어 기다립니다~

♥ 내가 지은 우리 반 이름 :

♡ 그렇게 지은 이유나 뜻을 설명해주세요 :

_____

_____

_____

_____

학급 이름 정하기 활동지

함께 하기에 특별한 무지개 반 마스코트 정하기

1학년 2반 멋진 (   )

• 희망자만 제출(~3/28(화)까지) + 누가 했는지는 투표 끝날 때까지 비밀!
• '무지개 반'과 잘 어울리는 마스코트 부탁해요. 선생님이 설명했지만 무지개 그림을 활용해도 되고 또 무지개 그림이 들어가지 않을 수도 있어요! 예를 들어 무지개 색을 활용할 수도 있죠! 우리 반 이름 정할 때도 정말 멋진 아이디어들이 많았는데 이번 마스코트도 기대 가득입니다♡

연필 > 사인펜 또는 네임펜으로 선 따라 그리기 > 지우개로 연필선 지우기 > 색칠 해주면 깔끔하게 완성됩니다. (가득차게 그려주세요.)

♥ 마스코트 이름 :

(그림)

학급 마스코트 정하기 활동지

내가 활용하고 있는 전체 보상 제도는 매우 간단한 방법이다. 반 아이들이 잘한 일이 있을 때 강화 할 수 있는 방법은 다양한데 우리 반은 다른 반에서 많이들 사용하고 있는 학급 온도계를 사용한다. 강화하고 싶은 행동이 보일 때 칭찬 포인트 부여하는 것을 학급 온도계의 온도가 올라가는 것으로 표현하는 것이다. 이 때 목표 온도(포인트) 역시 아이들과 학급 회의[4]를 통해 정한다. 목표를 달성하여 받는 처음 보상은 1시간 놀이 시간이다. 우리는 이것을 '즐거운 시간'이라고 불렀다. 교실 놀이도 좋고 운동장 놀이도 좋고 1시간 즐겁게 지내는 거다. 그리고 점차 목표치를 높여가며 보상 시간 역시 늘려간다. 전체 보상이 가지는 장점은 아이들에게 긍정적인 행동을 강화함과 동시에 '우리 반은 즐거운 일들이 많아'라는 인식을 심어줄 수 있다는 것이다. 반에 대한 소속감을 기르는 핵심은 '기대'를 갖게 한다는 점이 아닐까?

---

[4] 학급 회의 운영팁: 학급 회의로 아이들의 의견을 모을 때도 교사의 튼튼하고 안전한 울타리가 필요하다. 칭찬 포인트를 몇 개 모아 즐거운 시간을 보낼지 정할 때도 아이들이 적절하지 못한(너무 어렵거나 말도 안되게 쉬운 목표치) 의견을 낼 때는 아이들에게 이유를 설명하고 후보에서 제외해야 한다. 이런 과정을 통해 아이들과 담임 교사와의 거리감을 조절할 수 있게 되며 양질의 회의 시간을 보낼 수 있다.

보상 제도 변화 주기

만약 변화를 좋아하는 교사라면 보상 제도를 학기마다 바꿔서 운영하는 것을 추천한다. 1년 내내 같은 보상 방법을 쓰는 게 지루해서 2학기에는 주로 개인 보상으로 넘어가는데 이때는 칭찬 포인트 10개를 모으면 간식 1개로 교환 해준다. 칭찬 포인트 40개가 넘어가면 20개씩 모아 물건 뽑기를 하도록 변화를 줄 수 있다. 이때 뽑기 물건은 학급 운영비로 슬라이딩 지우개, 풀테이프, 스테들러 형광펜 등 아이들이 평소 사용하기에 좋은 물건을 구매해서 주곤 한다.

교사 개인의 스타일과 더불어 아이들의 성향과 의견을 고려해서 변화를 주면 좋다. 보상 시간을 모아 1시간씩 늘리다 보면 교과 시간을 제외하고 모든 시간을 즐거운 시간으로 보내게 되어 어떤 날은 '즐거운 날'이 되곤 했다. 작년에는 개인 보상보다 즐거운 시간을 갖는 걸 더 좋아해서 개인 보상 없이 즐거운 날로만 운영했다. 이렇게 즐거운 날을 운영할 때는 의견을 받되 다양한 아이들의 성향을 고려해 보드게임 , 영화 보기, 간식 먹기, 교실 체육 등을 골고루 넣어 배치한다. 활발하고 사교적인 친구들만 좋아하는 활동을 하거나, 한쪽 성별이 유난히 선호하는 활동으로만 구성해 아이들에게서 불만이 나오지 않도록 구성하려고 노력한다. 또한, 이러한 활동을 하기 전에는 '우리는 충분히 열심히 준비했고, 이제 즐기는 것은 너희들의 몫이다'라는 것을 강조한다. 관심을 받고 싶어 하는 만성 투덜이로부터 교사의 마음을 지키는 작은 장치이다.

반에 대한 소속감을 키우며 전체 생활지도를 강화하기에는 전체 보상이 가장 좋다고 생각한다. 모둠 보상은 "너 때문에 못 받았잖아." 하며 서로를 탓하고 싸우게 되기 쉽다. 개인 보상은 개개인을 칭찬하고 격려해주며 성취감을 느끼게 할 수 있다는 장점이 있지만 "나는 원래 이래."하며 열심히 안 하는 아이는 참여시키기 쉽지 않기 때문에 1학기에 사용하지 않는다.

우리 싸우지 말아요, 단체 활동 가르치기

코로나 시기를 거치면서 아이들이 교실에서 함께하며 서로를 통해 배우는 점이 얼마나 많은지 절실하게 느끼게 되었다. 짝을 통해 수업에 필요한 힌트를 얻거나 친구들의 발표와 활동 결과물을 보며 배우고 아이디어를 얻는 이 모든 상호작용이 당연한 게 아니었다는 것을 알 수 있는 시기였다. 그래서 올해 1학년 담임을 하면서 학부모께도 '함께하는 것'의 장점을 당부드렸다. 다양한 상호작용 속에서 불편한 감정과 갈등을 겪을 수밖에 없지만 이 모든 것은 아이들이 스스로 감정과 욕구를 조절하고 어떻게 대처해야 하는지 배워나가는 소중한 과정이며, 학교 생활을 하면서 세상 모든 일이 다 내 마음대로 될 수 없다는 것을 배워 건강하게 성장했으면 한다고 말씀드렸다.

과거와 비교해보면 요즘은 아이들 개별 특성과 욕구를 가정에서부터 많이 존중해 주는 분위기이다. 반면, 학교라는 단체 생활 공간에서는 자신의 특성과 욕구가 남의 것보다 우선시 될 수는 없고 건강하게 서로 함께하는 방법을 배워야한다. 그러나 함께하는 건 어려운 법! 그래서 교실에서도 놀이 활동, 모둠 활동을 연습하며 긍정적인 성취 경험을 통해 함께하는 방법을 자연스럽게 익힐 수 있도록 지도하고 있다. 예를 들어 모둠 활동을 할 때

---

5   학생들이 원하는 보드게임을 집에서 가져오게 하면 교사의 지도와 안내 없이 활용할 수 있어 굉장히 유용하다. 특히 고학년에 추천한다.

아이들에게 처음부터 너무 많은 것을 스스로 해결하게 하면, 누구는 하고 누구는 안 한다는 둥, 의견이 안 맞는다는 둥 분란이 생기고 서로 사이만 나빠지다 끝나는 경우가 많다.(이런 과정에서 교사는 생각하게 된다. '됐다! 내가 너희랑 뭘 하겠니!') 따라서 처음 모둠 활동을 할 때는 각각 역할이 이미 나누어진 활동지를 주고 아이들의 자율적인 부분을 최소화한 뒤 최대한 긍정적인 경험을 할 수 있도록 수업을 준비한다. 이런 활동에서도 기대하는 감정을 심어주는 것이 중요한데, 즐거운 모둠 활동 경험을 통해 '함께 하면 이렇게 재미있는 활동을 할 수 있구나'라는 인상을 주면 좋다. 그리고 이런 과정을 거치며 점차 아이들의 자율적인 부분을 넓혀주면, 학기 말에는 교사가 큰 방향과 목표를 제시했을 때 아이들이 으쌰으쌰 열심히 움직이는 것을 볼 수 있다. 또한 아이들에게 '조별 과제는 어른인 대학생에게도 쉽지 않은 일이다. 원래 함께하는 건 쉽지 않지만, 이런 것도 배워야 하고 우리는 함께하는 활동을 통해 더 즐거운 시간을 보낼 수 있기에 노력했으면 좋겠다'는 방향성을 언급해 주곤 한다. 어른들도 쉽지 않은 일을 해내는 우리들이라는 자부심을 심어주는 과정이다. 활동 전에 미리 안내해 주고 피드백을 꾸준히 해주면 좋다.

모둠 활동을 열심히 안 하는 아이들은 어떻게 하면 좋을까? 모둠원 중 한두명에 의해 결과물이 완성되지 않도록, 즉 모두가 무언가 기여하도록 교사가 미리 계획할 필요가 있다. 가령 학급

신문을 만든다면 모둠원 4명이 모두 자기 몫을 하도록 한 지면을 1/4로 나눠 한 장씩 구성하게 하는 등 애초에 아무것도 하지 않는 학생이 생기지 않도록 하는 것이 좋다. 수업 중간에는 교사가 순회 지도를 하며 적절한 피드백과 방향을 제시하는 것도 도움이 되는데 이때 잘하는 모습을 칭찬하면서 피드백 해주면 좋다. 그리고 언제나 전체 피드백을 꼭 주는데 예를 들어 "우리 반이 모두 잘해준 덕에 이렇게 재미있는 수업을 할 수 있었어요. 칭찬합니다."라고 아낌없이 칭찬하거나 혹은 "열심히 하지 않으면 선생님도 우리 반은 모둠 활동을 잘할 수 없다고 생각하고 이제 이 방법을 사용하지 않을 예정입니다." 등으로 선을 그어주기도 한다. 아이들 마음속에 '우리 반은 열심히 해서 재미있는 수업을 많이 할 수 있는 반'이라는 기대와 자부심이 생기면 주어진 수업 과제를 스스로 열심히 하려고 하게 되고, 슬그머니 빠지려 했던 아이들도 전체 반 분위기에 동화되어 열심히 하게 되곤 한다.

놀이 활동을 할 때 아이들에게 결과보다는 과정을 즐기라고 강조한다. '놀이의 승패 같은 결과가 중요한 것이 아니라 우리는 즐겁게 배우기 위해 놀이를 활용한다'는 것을 활동 전에 강조한다. 사실 인간이란 이겨야 재미있고 즐거운 게 당연하다. 그렇기 때문에 놀이활동을 도입할 때 최대한 결과에만 집중하지 않도록 처음부터 경쟁적인 요소가 크게 강조되지 않는 활동으로 시작하는 것이 좋다. 어느 반에나 경쟁적인 성격의 아이들이 있는데

이 친구들이 전체 분위기에 자꾸만 나쁜 영향을 주면, 놀이 활동이 재미보다는 분란과 싸움으로 번지는 경우가 있다. 교실 분위기가 여기에 휩쓸리면 다른 아이들도 지나치게 규칙을 강조하며 서로를 탓하거나 결과에만 집중해 '오늘은 재미없다'는 등 씩씩거리며 부정적인 에너지를 뿜어내곤 한다. 그렇기 때문에 놀이의 목표는 즐겁게 학습 목표에 도달하기 위한 것임을 반드시 강조한다. 즐겁게 보낸 시간이 쌓이면 아이들도 자연스럽게 놀이 역시 하나의 수단이요 배움의 과정임을 익힐 수 있다.[6]

학부모와 소통하기

신규 시절을 생각해보면 학부모와 관련된 일은 늘 어려웠다. 지금도 마냥 쉽지는 않지만 어느 정도 경험이 생겨 '제가 다양한 학년의 아이들을 많이 만나보니~'등의 멘트를 사용하며 상담할 수 있게 되었다. 이제는 오히려 더 많은 이야기를 공유하고 함께 하려고 한다. 한 아이를 보는 학부모와 여러 아이를 보는 교사의

---

[6] 영어 전담 교사로 많은 게임을 진행하며 규칙은 정확할 필요가 있다는 점을 배웠다. 규칙에 모호한 점이 있는데 아이들끼리 해결하게 둘 경우, 부싯돌 같은 아이들이 만나 다툼이 시작된다. 예를 들어, 땅따먹기를 하는데 애매하게 말이 선에 걸쳐졌을 때 이걸 어떻게 해결할지 사전에 정확하게 안내하면 중간에 일어날 갈등을 최소화할 수 있다. 또한 전체에게 방해가 되거나 규칙을 지키지 않는 행동에 대해서는 교사가 어떻게 제지할 것인지 사전에 안내하고 갈등이 생기면 제지한다. "놀 준비가 되지 않은 친구들은 놀 수 없다! 선생님과 노는 방법에 대해 다시 공부 해보자꾸나!"

관점이 다를 수밖에 없다는 것을 이해하게 됐고, 어떤 순간에는 정말 잘 몰라서 서로 오해가 생길 수도 있다는 것을 알게 됐다. 그래서 요즘에는 오히려 자세하고 솔직하게 알림장에 글을 쓰곤 한다. 이를 보고 "선생님께서 △△한 점을 알림장에 적어주셨는데 평소 생각해 보지 못했던 점이라 우리 ○○이에게도 지도해야겠다고 생각했어요."라고 말씀해주신 분도 계셨고, "매번 공지사항을 보면 섬세하게 알려주셔서 깜짝 놀라기도 했어요."라고 말씀해주신 분도 계셨다. 학부모와의 긴밀한 소통을 통해 교사의 교육관에 대한 신뢰와 교사의 권위를 쌓을 수 있으며 이러한 관계가 건강한 학급 운영을 가능하게 한다고 생각한다.

공개 수업 전에는 다음과 같은 안내를 알림장에 적어 공유했다.

> 수업을 보실 때 수업 참여에 대한 적극성(예:발표) 뿐만 아니라 선생님의 안내와 설명을 잘 듣고 따라오는지, 주어진 과제를 열심히 참여하는지, 집중하는 태도로 수업에 임하는지 등 전반적인 부분을 같이 보시면 우리 아이들의 수업 태도에 대해 더 많은 정보를 얻을 수 있습니다. 개개인의 성격에 따라, 누군가가 지켜본다는 것에 부담을 느껴 평소보다 소극적으로 수업에 참여하는 아이들도 있고, 오히려 들뜬 모습을 보이는 친구들도 있습니다. 수업 공개라는 특별한 상황인 점을 감안하여, 어른의 눈에 보이는 아쉬운 부분보다는 우리 반 친구들의 성장하고 발전해나가는 모습을 더 바라봐 주시고 가정에서 격려해 주시면 좋을 것 같습니다. :-)

올해는 1학년을 맡아 특별히 더 자세히 많은 것을 알림장으로 공유하고 있는데 이는 잘 알지 못해 생길 수 있는 오해를 줄이기 위한 노력이다. 1학년은 '이렇게까지 해야 하나?' 할 정도로 자세히 안내하는 게 교사 입장에서 황당한 질문과 민원을 조금이나마 예방할 수 있는 방법 중 하나다. 예를 들면 입학식 때 자리에 대한 안내를 구두로 설명해 드리는데, 이는 자신의 아이가 뒷자리에 앉은 것을 걱정하며 자리를 바꿔 달라는 민원에 대비한 것이다.

당분간은 1학년 아이들이 번호와 친구 이름을 익히기 위해 번호순으로 앉을 예정입니다. 2~3주간의 입학 적용 기간이 끝나면 짝이 생기며 배치가 바뀔 텐데 그때까지는 이렇게 앉는 점 양해해 주시기 바랍니다.

또 짝이 생겼을 때는 다음과 같이 안내드렸다.

＊다양한 친구들과 함께 지내는 것을 배우는 시간

＊친구에게 잔소리(X), 친구 혼나라고 선생님께 이르기(X), 도우며 함께 성장하기.

＊수업 시간, 밥 먹을 때 앞자리, 뒷자리 친구와 떠들지 않습니다. 자세 바르게.

＊한 달에 한 번씩 뽑기로 바꿀 예정(상황에 따라 변동 가능), 5번째 줄을 두 번 연속 뽑는다면 다음 자리 바꿀 때 1~4번째 자리로 고를 수 있게 기회를 먼저 줍니다.

＊학부모 총회 때 말씀드렸던 것처럼 다양한 아이들과 생활하며 사회성과 문제 해결력을 기를 수 있도록, 아이들이 짝 또는 주변 친구들과의 갈등을 건강하게 스스로 해결해보는 경험을 하며 성장 할 수 있게 가정에서도 지도 및 격려 부탁드립니

다. 물론, 담임 교사가 알아야 할 만한 상황이 생긴다면 연락 부탁드립니다. (아이가 직접 담임 교사에게 전달하는 게 가장 좋고, 직접 전달하기 어려운 내용이 있다면 하이톡으로 연락해 주시면 됩니다.) 짝이 생기면 타인과 가깝게 지내야 하기에 다양한 충돌이 생길 수 있습니다. 학교에서도 서로 배워가는 과정이라 생각하고 살펴보며 지도하겠습니다.

학부모 총회 때도 솔직하게 "어린이집과 유치원에서 정말 친절하게 해주셔서 첫째 아이가 초등학교에 가면 많이들 놀란다고 들었습니다. 아이들도 학교에 적응하는 시간이 필요하듯 학부모님 역시 적응하는 시간이 필요한 것을 알고 있습니다. 궁금한 점도 많으실 것 같아 최대한 알림장 등을 통해 자세히 말씀드리려고 합니다. 원래 이렇게 알림장을 길게 쓰지는 않는데 학기 초이고, 1학년 맞춤이라 내용이 많은 점 이해 부탁드립니다."라고 안내드렸다.

사진을 올릴 때 '우리 아이가 잘 안 나왔다, 우리 아이는 왜 없냐'는 식의 이야기를 들으면 힘이 빠지기 마련이다. 아이들 사진을 많이 올리지는 않지만 특별한 활동을 한 경우에 올리곤 하는데 이러한 부정적 피드백을 방지하기 위해 '아이들의 활동 중간에 사진을 찍으려 하다 보니 평소 귀여움을 다 담지 못했습니다. 한 장씩 빠르게 사진을 찍다 보니 표정과 자세가 정돈되지는 않았지만 아이들이 즐겁게 활동하는 모습을 공유하고 싶어 사진 보내드립니다.'라는 식으로 미리 말씀드리면 사소한 민원을 미리 방지할 수 있다.

아이들 안전과 관련된 부분, 특히 교실에서 반복하며 지도하는 내용 역시 알림장에 그때그때 적어서 보낸다. 관심 있는 학부모가 확실히 신경 써서 지도해 주시는 경우도 많고, '혹시 우리 아이 이야기인가?' 하며 가정에서 한번 더 살펴봐주시는 경우도 있어 꽤 유용하다. 교육의 무게를 가정과 함께 나누어 지는 나의 방법이다.

내가 할 수 있는 만큼, 내가 즐거운 수업 준비하기

경력이 쌓일수록 역시 교사의 가장 기본은 수업이라는 생각이 든다. (사실 어느 것 하나 놓칠 수 없는 게 문제지만!) 그래서 점점 더 수업을 포기할 수가 없다. 특히 고학년 아이들을 휘어잡는 가장 큰 무기이자 카리스마는 수업에서 나오는 것 같다.

코로나 때 주간 학습 안내(주안)를 만들어 버릇하니 주안을 짜는 김에 다음 주 수업을 미리 준비하는 습관이 생겼다. 모든 수업 내용을 정한 뒤 주안을 짜는 편이라 시간이 많이 걸리지만, 이렇게 준비해 두면 다음 주가 든든하다는 장점이 있다. 인쇄할 것들만 챙겨서 전날 인쇄하면 되고, 수업의 흐름이 다 짜여 있기에 수업 준비에 대한 부담은 줄어든다. 미리 준비한 덕에 당일에 부라부라 준비한 수업보다는 조금 더 양질의 수업을 준비할 수 있다는 것도 장점이다.

교사마다 지향하는 수업 방식에는 차이가 있지만 수업에 대한 나의 기본 원칙 두 가지는 다음과 같다.

첫째, 교사가 할 수 있는 만큼 수업 준비하기

둘째, 교사가 즐거운 수업 준비하기

교사가 할 수 있는 만큼 수업 준비하기

나는 나의 에너지의 총량을 고려해 수업을 구성하는데, 이는 내가 에너지가 부족하면 자꾸 기분이 태도가 되고 아이들을 이성적으로 대할 수 없게 되는 평범한 인간이기 때문이다. 일주일 치 수업을 미리 준비해 두면 이 첫 번째 원칙을 지키며 수업을 구성할 수 있다. 예를 들어 많이 말해야 하는 수업이 있거나 에너지가 많이 필요한 수업을 하는 날이면 조금 쉬어갈 수 있게 그날은 미술을 함께 배치한다거나, 활동지 수업을 넣는다거나, 도서관 활용 수업을 한다거나 강-약-중간-약이 유지될 수 있도록 구성한다.

주안의 활용으로 교사의 수업 컨디션을 조절할 수 있다면, 고학년의 경우 공책 정리 방법을 활용하여 활동지 준비의 부담에서 벗어났다. 교과서만으로는 시간이 남고, 그렇다고 그 시간을 채우기 위해 추가 활동지를 매일 준비하자니 수업 준비에 부담이 되었는데 공책을 활용한 뒤 이러한 고민이 한 번에 해결됐다. 특히 수학 수업에서 잘 활용하고 있다. 고학년 담임을 할 때는 다음과 같은 방법으로 수학 수업을 준비하곤 했다.

- 지도서 읽으며 유의 사항 확인하기: 지도서를 읽으면 전,후의 학습 내용과의 연계를 고려해 수업을 준비할 수 있다는 장점이 있다. 또, 지도상의 유의점과 같이 놓치기 쉽지만 중요한 내용들을 다시 한 번 기억해둘 수 있어 유용하다.
- 교과서 내용 정리하며 수업 흐름 짜기: 수업의 기본 흐름은 교과서 내용 공책 정리하기, 익힘책 풀기, 개인 채점하기, 교사에게 검사받기이다.

공책 정리를 할 때는 왼쪽에는 키워드를, 오른쪽에는 필기 내용을 적는 코넬식 공책 정리 방법을 활용했다. 미리 수업을 준비하며 공책에 필기 내용을 정리하고 이를 수업 시간에 설명하면 아이들은 따라 적는다. 이때 설명을 들으면서 바로 적으면 설명은 듣지 않고 기계적으로만 따라 적는 아이들이 있어, 설명을 먼저 듣고 정리를 할 시간을 준다. 이렇게 하면 공책 정리만으로 수업 시간을 충실히 보내게 된다. 6학년의 경우 후반쯤에는 조금 더 자율성을 주고 아이들이 공책 정리할 수 있게 기회를 주지만 4, 5학년은 1년 내내 그대로 교사의 필기를 따라 적도록 했다.

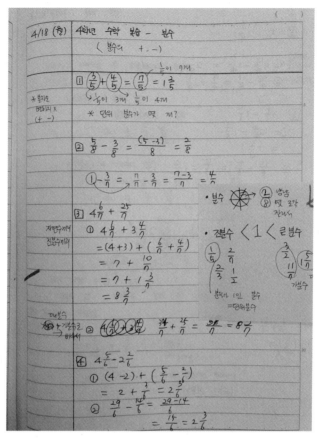

수업 준비할 때 미리 정리한 내용

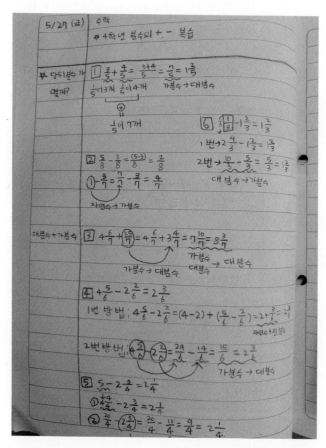

5/27 (금) 수학

❀ 4학년 분수의 + , - 복습

✿ 단위분수가 ① $\frac{3}{5} + \frac{4}{5} = \frac{3+4}{5} = \frac{7}{5} = 1\frac{2}{5}$
몇개?
　　$\frac{1}{5}$이 3개 $\frac{1}{5}$이 4개 　가분수 → 대분수
　　　　　└─────┘
　　　　　　⊕
　　　　$\frac{1}{5}$이 7개

　　　⑥ $3\frac{1}{3} ... 1\frac{2}{3} = 1\frac{2}{3}$

　　　1번 → $2\frac{4}{3} - 1\frac{2}{3} = 1\frac{2}{3}$

② $\frac{5}{8} - \frac{3}{8} = \frac{(5-3)}{8} = \frac{2}{8}$

　　　2번 → $\frac{10}{3} - \frac{5}{3} = \frac{5}{3} = 1\frac{2}{3}$

①－$\frac{3}{7} = \frac{7}{7} - \frac{3}{7} = \frac{4}{7}$
　　　　　　　대분수 → 가분수

　　자연수 → 가분수

대분수＋가분수 ③ $4\frac{6}{7} + 3\frac{4}{7} = 4\frac{6}{7} + 3\frac{4}{7} = 7\frac{10}{7} = 8\frac{3}{7}$

　　　　　　　　　가분수 → 대분수
　　　　가분수 → 대분수 　대분수

④ $4\frac{5}{6} - 2\frac{2}{6} = 2\frac{3}{6}$

1번 방법 : $4\frac{5}{6} - 2\frac{2}{6} = (4-2) + (\frac{5}{6} - \frac{2}{6}) = 2 + \frac{3}{6} = 2\frac{3}{6}$
　　　　　　　　　　　　　　　　자연수 + 진분수

2번 방법 : $4\frac{5}{6} - 2\frac{2}{6} = \frac{29}{6} - \frac{14}{6} = \frac{15}{6} = 2\frac{3}{6}$
　　　　　　　　　　　　　　　가분수 → 대분수

⑤ $5 - 2\frac{3}{4} = 2\frac{1}{4}$

① $4\frac{4}{4} - 2\frac{3}{4} = 2\frac{1}{4}$

② $\frac{20}{4} - 2\frac{3}{4} = \frac{20}{4} - \frac{11}{4} = \frac{9}{4} = 2\frac{1}{4}$

학생이 수업 시간에 따라 정리한 내용

또 수학 외에 다른 과목에도 사용하는데, 활동지를 따로 제공하지 않았지만 무언가 기록할 곳이 필요할 때 공책에 날짜와 과목을 적고 바로 사용하면 돼서 용이하다. 매일 배운 내용을 정리하는 배움 공책을 활용하는 분들도 있는데 아이들에게도 나에게도 매일 하는 것은 부담이 될 것 같아 공책 한 권을 나눠주고 매일은 아니더라도 꾸준히 사용하도록 했다. 통일성을 위해 처음엔 모두에게 같은 공책을 주고 나중에는 아이들이 자율적으로 사서 사용하도록 해도 된다. 공책 제목도 라벨지로 뽑아주는데, 이때 학급 이름과 마스코트를 활용한다.

교사가 즐거운 수업 준비하기

사람마다 좋은 수업에 대한 정의가 다르겠지만, 내가 준비한 수업을 스스로 흥미롭게 느껴야(적어도 하기 싫다고 생각하지 않아야) 좋은 수업이라고 생각한다. 내가 은연중에 생각하고 느끼는 것들이 아이들에게 전해진다고 생각하기 때문이다. 인디스쿨에 아무리 좋은 자료가 있어도 나에게 맞지 않는 옷이라는 생각이 들면 무언가 어색하고 수업이 잘 진행되지 않는다. 그렇기에 수업 역시 나를 먼저 알아야 한다고 생각한다.

그런데 '나를 안다'는 게 참 어렵다. 내가 어떤 사람인지, 나에 대해 알기 위해서는 어느 정도는 직접 부딪쳐 봐야 한다는 생각이 든다. 아직 나에게 맞는 학급 운영 방식을 고민하거나 찾아가고 있는 신규 선생님이라면 이런저런 것들을 많이 시도해 보며 잘할 수 있는 것도 찾아보고, 본인에게 쉬운 방법도 알아보고 도전해 보면 좋겠다. 조금 안 맞아 보여도 한 번쯤은 도전하는 것도 추천한다. 잘 안 맞는 것 같고 어려워도 한 번 시도해 보면 두 번째는 꽤 할만하다. 물론 해보니 영 별로였다면 빠르게 새로운 방법을 찾아가는 것 역시 괜찮다. 나는 종이접기를 가르치는 게 너무 어려웠는데 동학년 옆 반 선생님은 종이 접기의 대가셨다. 그 반 아이들은 어쩜 그렇게 멋진 작품을 만드는지! 그 모습이 부러워 몇 번 따라 해 봤지만 영 내 스타일은 아니었다. 대신 어렵지만 그렇게라도 도전한 덕에 지금 너무 걱정하지 않고 종이접기를 지도할 수 있게 됐다. (물론 솔직한 마음으로 피할 수 있다면 피하고 싶다!)

우리의 매일을 응원합니다

신규 교사 연수에서 '선배와의 대화' 강사로 강의를 진행했을 때, 신규 선생님들께 "우리가 학교에서 보내는 시간이 하루 중 짧지 않기에 이 시간이 버텨야만 하는 시간이 되지 않기를 바랍니다. 각자에게 맞는 방법을 찾아 학교 생활 속에서 더 많은 즐거움과 행복을 찾아가시길 바랍니다."라고 말씀드린 적이 있다. 누군가는 직장 생활 속에서 자아실현을 하고 행복을 찾는 것이 영 불가능하다고 말한다. 자아와 행복은 직장이 아닌 다른 곳에서 찾아야한다고 말이다. 하지만 '교사로서의 나' 역시 또 하나의 나이기에 신규 선생님들에게 학교에서의 시간이 버텨야만 하는 시간이 되지 않기를 바란다. 본인에게 잘 맞는 옷을 찾아 더 즐거운 학교 생활을 할 수 있기를 바란다.

여전히 배우고 성장해야 할 것이 많은 나이기에 차린 것이 많지 않지만 이 중에 한 가지는 누군가의 입맛에 맞길 바라며, 모두의 매일이 조금 더 행복하고 덜 힘들기를 응원한다.

제2부

평화로운
학급 운영을 위한
갈등 지도 방법

3장

저학년, 고학년 전혀 다른 갈등 양상
: 나이대별 갈등 지도법 이해하기

이지현

종일 전쟁을 치르고 지친 몸과 정신으로 퇴근하셨을 선생님께 고생하셨다는 위로를 먼저 건넨다. 그 전쟁에서 졌을 수도, 이겼을 수도 있지만 우리에게 중요한 것은 지난 전쟁의 승패보다 앞으로의 전장일 것이다. 이 글에서는 전투의 횟수를 줄이고 잠깐이라도 평화를 되찾는 것에 대해 말하고자 한다. 지피지기면 백전불패라고, 어차피 싸워야 한다면 상대의 특성을 잘 알아야 한다.

원체 호기심과 관찰력이 강한 성격이라 아이들의 갈등을 주의 깊게 관찰하고 분석하는 습관이 있었다. '대체 왜 이렇게 싸울까, 어떻게 계속 싸우는 걸까'라는 의문을 해결하려고 노력하다 보니 연령대별 갈등을 다루는 나만의 노하우를 축적할 수 있었다. 저학년과 고학년은 갈등의 이유도, 양상도 전혀 다르다. 따라서 저학년과 고학년의 갈등 해결 방법에는 전혀 다른 접근 방식이 필요하다. 여러 시행과 착오를 통해 익히게 된 저학년과 고학년의 갈등을 다루는 노하우를 소개해보고자 한다.

끊임없이 몰아치는 잽, 저학년 갈등

저학년과의 만남

첫 발령은 누구에게나 긴장되고 설레는 경험이다. 주변의 동기나 선후배들은 첫 제자로 고학년을 배정받는 경우가 많았다. 학생들과 나이 차이가 적으니 세대 차이를 적게 느낄 수도 있고, 고학년을 감당하려면 체력이 좋아야 하니 젊은 교사가 적합할 것이라고 기대하며 해당 학년을 배정하는 게 아닐까 싶었다. 그런데 나는 흔하지 않게 첫 발령에 1학년 담임을 배정받았다. 한 반에 24명. 8살 어린이들이 교실이라는 공간에서 지내기에 24명은 너무 많았다. 1순위로 희망하던 교육청에서 발령 전화를 받고서 '임용 공부 열심히 한 보람이 있구나'라고 생각했는데 그 생각은 순식간에 사라졌다.

저학년 갈등의 원인

그렇게 1학년 24명의 학생들과 함께 첫 교직 생활을 시작했다. 1학년 담임으로 한 해를 함께 보내며 여러 가지 에피소드가 생겼는데, 그 당시 가장 받아들이기 힘든 것은 정말 정말 사소한 걸로도 싸움이 일어난다는 것이었다. 저학년에서 생기는 갈등의 원인은 아래와 같이 크게 3가지로 구분할 수 있다.

첫째, 유치원에서 학교로 급격하게 바뀐 환경. 사실 초등학교 1학년은 유치원생과 크게 다르지 않다. 고작 한 살 더 먹었을 뿐인데 갑자기 원생에서 학생이 되고, 같은 반 친구들도 많아진다. 놀이 중심이었던 유치원에서 벗어나 한글과 숫자를 공부하며 학생들은 적응 스트레스가 생기고 이러한 스트레스로 예민해지며 싸움이 일어나기 쉬운 상태가 된다. 그러나 매일매일 정해진 양의 수업과 업무를 해야 하는 교사가 학생 한 명 한 명의 스트레스를 완벽히 돌보기란 몹시 힘든 일이다.

둘째, 상상을 초월하는 싸움거리(아니 이런 걸로 싸운다고?!). 고학년 학생들은 사소하게 자신의 마음에 들지 않거나 거슬리는 상황을 무시할 수 있는 능력이 있다. 비유하자면 '똥이 무서워서 피하냐, 더러워서 피하지'와 같다. 그러나 저학년 학생에게는 자신을 둘러싼 모든 것이 싸움거리가 될 수 있다. '친구가 새로 자른 앞머리가 어색하다고 했다', '얘는 딸기 맛인데 난 사과 맛 사탕을 받아서 바꾸자고 했다', '지나가면서 내 가방을 발로 찼다', '줄 서야 하는데 내 자리에 있어서 줄을 못 섰다' 등 다양한 싸움의 소재가 있다.

셋째, 복불복 반편성. 따로 있을 땐 그럭저럭 괜찮은데 만났다 하면 유독 갈등이 생기는 아이들의 조합이 있다. 입학할 때는 아이들 간에 상성이 좋은지 나쁜지를 알 수가 없으니 선생님들이 밸런스 조절을 하기 어렵다. 실제로 입학생 반 편성에 참여해 보았는데 관상학과 성명학을 배우지 않는 이상 크게 할 수 있는 게 없었다.

저학년 갈등을 다루는 법

첫째, 기본 원칙을 짧게, 단순하게 지도하기. 고학년 갈등은 문제 양상이 복잡하지만 저학년의 경우 대체로 단순하다. 말하지 않아도 지켜야 하는 기본적인 규칙이지만 저학년에게는 아직 익숙하지 않은 것들을 핵심으로 지도해야 한다. 단순 접촉 효과(자이언츠의 법칙)[7]를 참고하면 더 좋은 효과를 볼 수 있다. 학년 초에 정하는 학급 규칙을 항상 아이들이 볼 수 있는 곳(칠판 앞 등)에 게시해 두고 무의식적으로 계속 보면서 인지할 수 있도록 한다. 이때 규칙의 수가 많거나 지나치게 세부적이면 인식이 잘 되지 않기 때문에 정말 중요하다고 생각하는 몇 가지 규칙(최대 3가지)만 정해서 짧게 긍정 표현으로 서술하는 것이 좋다.

---

[7] 폴커 키츠, 마누엘 투쉬(2022). 마음의 법칙. 포레스트 북스. 단순 접촉 효과(자이언츠의 법칙)란 같은 것을 여러 번 보고 들으면 그것에 대해 호의적이고 옳다고 느끼는 것이다.

> 우리 반 학급 규칙
>
> - 다른 사람에게 좋은 영향을 주는 사람이 되자(타인에게 피해를 주지 말자)
>
> - 오지랖이 아닌, 관심을 주는 친구가 되자

지속적, 반복적으로 지도하다 보면 아이들에게 자연스럽게 교사가 강조하고자 하는 규칙들이 자리하게 될 것이다. 물론 많은 인내를 해야 하는 과정이다.

둘째, 학부모와 좋은 관계 맺기. '이번 학교가 처음이세요?', '올해 대학교 졸업하셨어요?' 실제로 첫 학부모 상담 때 들었던 말들이다. 전화 상담이라 다행이지, 아니면 당황한 목소리뿐만 아니라 표정까지 전부 보였을 것이다. 아이를 키워보지 않은 젊은 여자 교사가 1학년 첫 담임이라니 아마 불안한 마음에 한 질문일 것이다. 학부모 상담과 공개 수업을 해보면 저학년과 고학년 학부모의 참석률이 확연하게 차이가 난다는 것을 알 수 있는데, 저학년 학부모는 그만큼 아이들의 학교 생활에 대한 관심과 걱정이 많다는 뜻이다.

애들 싸움이 어른 싸움으로 번지지 않게 하기 위해서는 학부모의 신뢰를 얻는 것이 중요하다. 학부모가 교사를 믿으면 자신의 아이 말만 듣고 교사에게 화를 낸다거나 사소한 민원을 제기하는 일이 적어진다. 나는 젊은 교사로서 열정이 있고, 학생에게 관심이 있다는 것을 보여주기 위해 아래 사항을 의식적으로 반복했다.

- 종종 칭찬 문자 보내기(발표를 잘했거나 친구를 배려하는 모습 등)
- 수업/쉬는 시간 모습 사진 찍어 두었다가 학급 앱이나 SNS에 올리기
- 평소 친한 친구는 누구인지, 무엇을 하고 노는지 파악해두기
- 월요일 아침에 시간을 내어 주말에 무엇을 했는지 짧게 이야기 나누기
- 학생 작품과 일상 모습을 담은 영상(뮤직비디오)을 만들어 공개 수업 시작 때 상영하기
- 병결석이나 병조퇴한 학생의 안부를 묻는 문자 보내기
- 학생 카카오톡 프로필 사진이나 배경, 상태 메시지 보고 요새 관심사 알아두기

요새도 가끔 나이와 결혼 유무에 대한 질문을 종종 받는다. 사실 여전히 달갑지 않은 질문이지만 이제는 당황하지 않고 대답할 수 있다. "네~ 아직 젊은 편이라 아이들이 좋아합니다. 그리고 학교 일과 아이들에게 더 신경 쓸 수 있어서 좋더라고요~" 그

리고 위 방법을 통해 그것을 증명하려고 노력한다. 학부모의 신뢰를 얻기 위한 과정은 처음에는 번거롭고 무의미하게 느껴질 수 있지만 결국 노력은 통하는 법이다.

셋째, 모든 갈등에 에너지를 소모하지 말기. 저학년의 갈등은 큰 한 방보다는 계속 들어오는 잽과도 같다. 단점은 정신 차리기가 어렵다는 것이지만 장점은 한 대 한 대에 큰 위력이 있지 않다는 것이다. 고학년은 여러 감정선이 복잡하게 얽혀 있지만, 저학년은 사건이 단순한 경우가 많기 때문에 학급 규칙을 강조하는 것만으로 해결되는 경우가 많다. 따라서 모든 갈등을 심도 있게 상담하고 지도하고 최선을 다해 해결하려는 마음보다는, 끊임없는 싸움에 지쳐 포기하지 않도록 갈등 중재에 에너지 조절이 필요하다(물론 잽인 척하는 어퍼컷에는 정신 바짝 차리고 가드를 올려야 한다). 가끔은 정신이 없어 다루지 못한 갈등이 있을 수도 있고 때로는 원칙적으로만 다룰 수도 있지만 그래도 괜찮다. 우리는 링 위에서 오래오래 살아남아야 하니까.

파워가 다른 어퍼컷, 고학년 갈등

고학년과의 만남

저학년을 떠나 고학년으로 올라오니 분위기가 사뭇 달랐다.

기껏해야 5살 차이인데 어린이들의 5살 차이는 어른의 그것과 엄청나게 다르다는 것을 실감했다. 싸움의 소재도, 수위도 1층과 5층 만큼이나 급이 달랐다. 저학년 갈등은 끊임없지만 파워가 약한 반면, 고학년의 갈등은 한 대 한 대가 치명적이다(요새는 횟수가 적다고도 하기 어렵다). 일단 싸웠다 하면 몸과 마음 중 하나는 피가 날 정도로 큰일이라 교실에서 해결하기도 힘들어 연구실에서 아이들과 마주 보는 시간이 참 길었다.

고학년 갈등의 원인

첫째, 서로에 대한 명확한 호불호. 고학년쯤 되면 이미 아이들 사이 감정 관계가 정립된 경우가 많다. 같은 반을 했다거나 학원에 같이 다녔다거나 혹은 친구의 친구인 경우 등 학급 수가 많지 않은 학교일 때 더욱 그렇다. 그중에는 오래전부터 계속 싸워오며 안 좋은 감정이 쌓인 경우도 있는데, 이런 경우 불필요한 갈등이 발생하고 해결하기도 어려워진다.

둘째, 무시무시한 사춘기의 시작. 질풍노도의 시기, 무서운 게 없고 예민함이 가득한 때다. 몸과 마음이 예민한 사춘기 이전이라면 그냥 넘어갔을 일들도 싸움으로 커지곤 한다. 특히 힘이 세진 남학생들이 몸싸움을 하다 크게 다치는 경우도 있어 더욱 긴장할 필요가 있다. 또 남녀의 무리 짓기도 심해지는 때이므로 이성 학생들 간의 싸움이 일어나기도 하고 반대로 이성 교제로 인해 문제가 생기기도 한다.

셋째, 교사와의 소통 감소 및 숨김. 저학년에서 중학년까지는 대체로 학생의 생활이 교사의 예상 가능한 반경에 있으며, 아이들이 교사에게 크게 숨기는 부분도 없다. 쉬는 시간만 되면 교사 자리에 몰려들어 한 마디라도 더 나누려고 하는 아이들이 많아, 오늘 아침엔 무엇을 먹었고 이번 주말에는 어디를 갔는지까지 알게 된다. 그런데 고학년이 되면 그 수다스럽던 아이들이 입을 꾹 다문 조개로 변한다. 대신 손가락은 더 빨리 움직이며 보이지 않는 곳에서 활발하게 활동하고 교사의 예측 범위를 벗어난다. 단톡방이나 유튜브 등 교사가 미처 파악하지 못하는 부분이 생기는데 여기에서 갈등이 발생하는 경우가 많다.

고학년 갈등을 다루는 법

첫째, 평소에 학생과 충분한 라포르 쌓기. 학생들과 이러한 라포르를 단박에 형성할 수는 없기 때문에 평소에 일정 부분 이상의 노력이 필요하다. 고학년은 담임 교사라는 이유만으로 무한한 사랑을 보내오는 저학년과는 다르기 때문이다. 그렇다면 구체적으로 학생들과의 라포르가 갈등 조절에 어떤 이점이 있을까?

교사와 라포르가 형성된 학생들은 '보이지 않는 눈'(a.k.a 스파이)이 되어준다. 교사가 아무리 관심을 갖고 지도하더라도 학생들만이 공유하는 세계가 존재할 수밖에 없다. 이때, 교사에게

든든한 조력자가 있다면 이러한 영역에서 일어나는 일들을 미리 말해주거나 살짝 물어볼 수 있다. 주로 똑똑하고 활발한 성격의 여학생들이 담당해 주는 경우가 있으니 한두 명을 미리 물색해 두면 좋다.

또한 갈등 파악 및 상담에 용이하다. 평소 본인에게 관심이 없다고 느꼈던 선생님이 갑자기 이야기를 하자고 한다면 어떤 느낌일까? 아마 불편하고 말도 잘 나오지 않을 것이다. 어른들과 마찬가지로 아이들도 내가 믿지 않고 나를 좋아하지 않는 사람에게 자신의 이야기를 솔직하게 하지는 않을 것이다. 편한 사람에게 자기 이야기를 하게 되는 건 남녀노소 당연한 이치기에 아이들과 라포르를 잘 쌓아놓아야 대화가 원활하고 갈등 상황을 파악하기 쉽다.

마지막으로 학생과의 라포르는 학부모와의 라포르로 이어진다. 학부모는 학생들의 입으로 교사를 처음 그리고 가장 많이 만난다. 학생이 교사를 어떻게 설명하느냐에 따라 이미지가 형성된다고 해도 과언이 아니다. 따라서 학생과 좋은 관계를 유지할수록 학부모와의 갈등을 예방할 수 있다.

라포르가 중요하다고 해서 친구같이 마냥 편한 교사가 되자는 것이 아니다. 학생과 친밀한 관계를 유지하는 동시에 지켜야 하는 선을 포기해서는 안 된다. 애정을 바탕으로 올바른 길로 이끌어주는 어른이야말로 학생들에게 필요한 존재이다.

둘째, 기록하기. 기록은 객관성을 확보하기 위한 노력이다. 자기 잘못은 쏙 빼고 유리하게 말을 바꾸거나 기억을 왜곡하는 학생들이 있다. 이 상황에서는 교사가 지도했다는 기록이 꼭 필요하다. 나이스, 상담 기록 등 교사의 기록도 물론 중요하지만 여기서는 학생 스스로 작성하는 기록을 이야기하고자 한다.

먼저 '무슨 일이 있었나요?' 갈등/다툼 기록지를 활용한다. 갈등이 추후 학교폭력으로 커질 우려가 있거나 몸에 상처가 남았을 때 이 기록지를 쓰게 한다. 빈 종이에 반성문을 쓰라고 하면 학생들이 막막해 하기 때문에 몇 가지 물음으로 가이드라인을 정해둔 일종의 진술서이다. 학생이 직접 자기 잘못을 적었기 때문에 추후 학교폭력 처리나 학부모 민원 시 기록물로서 가치가 있다. 학생들이 대충 적는 경우가 있으므로 다 적은 후 교사가 빠진 부분이 있는지 살펴보는 것이 좋다.

최근 동료 선생님께 배운 방법으로 학생 스스로 사과 편지를 쓰게 하는 방법도 있다. 사과 편지는 교사와 상담을 거치고 학생 스스로 잘못을 인정한 후에 쓰게 하는 것이 좋다. 이 편지는 피해 학생의 마음을 누그러뜨리는 효과도 있지만 학부모에게 '이 학생이 잘못을 인정하고 반성했습니다. 그리고 마음을 담아 사과를 하였습니다'라는 메시지를 전달하는 데 효과적이다. 억울하다고 생각하는 학생과 학부모의 입장에서 듣고 싶은 것은 언제나 진심 어린 반성과 사과이기 때문이다. 교사가 편지지 모음집을 구비해

무슨 일이 있었나요? (갈등/다툼 기록지)	( )학년 ( )반 이름:
언제	
어디서	
누구와	
무슨 일이 있었나요?	
가장 속상했던 점은 무엇인가요?	
싸우는 당시 나의 감정은 어땠나요?	
그 말/행동을 하고 나서 어떤 기분이 들었나요?	
내가 잘못했거나 후회되는 점이 있나요?	
나는 앞으로 어떻게 해야 할까요?	

갈등 다툼 기록지

두어 성의를 갖춘 편지를 작성하게 하고, 편지를 전달하기 전 내용을 검토해 보는 것이 안전하다.

마지막으로, 고학년 갈등 지도법으로 다음과 같은 방법을 활용하고 있다. 일단 학생들의 말은 다 들어준다. 잘못이 있든 없든, 학생들은 저마다 억울한 이유가 있다. 잘잘못을 확인하고 사과하는 것도 중요하지만 들어주기 즉, 경청이 우선되어야 한다. 이는 학생의 흥분을 가라앉힐 수 있고, '우리 선생님은 항상 양쪽 말을 다 들어주니까 공평해'라는 인상을 심어줄 수 있다. 때로는 자신의 억울한 마음을 누군가 들어주기만 해도 속이 풀리는 것, 어른이나 아이나 똑같다. 교사가 학생의 말을 들어주지 않으면 학생도 교사의 말을 들어주지 않는다. 사과를 주고받은 경우에는 마음에 남은 속상함이나 교사에게 더 하고 싶은 말이 없는지 최종 확인을 거친다.

그리고 사과를 받을지 말지 선택할 수 있게 해야 한다. 마음이 아직 안 풀렸는데 '상대방이 사과했으니 끝'이 될 수는 없다. 당장은 지나갈 수 있을지 모르나 학생의 마음에는 미처 풀지 못한 응어리가 남게 되고 이는 더 큰 갈등이나 학교 폭력으로 발전할 위험의 불씨가 된다. 당사자들이 사과를 주고받기 전 '이 학생이 사과하는 건 자기 잘못에 대한 책임이고, 그것을 받아줄지 말지는 너의 선택이다'라고 꼭 이야기한다. 그리고 '사과하는 것은 큰 용기가 필요한 일이므로 나중에 마음이 풀리면 그때 받아주고 용서해 주면 좋겠다'는 이야기를 덧붙여서 학생의 의견을 존중하는 동시에 관계를 풀어나가는 것에 대해 지도한다.

또한 급하게 해결하려고 하지 않아야 한다. 나는 성격이 꽤나 급한 편이다. 할 게 있으면 계속 신경이 쓰여 마음이 불안하다. 이럴 때마다 '빨리 해치우고 어서 마음 편해지고 싶다'라는 생각 때문에 갈등 상황도 빠르게 해결하려는 경우가 많았는데, 안 좋은 결과로 이어질 때가 많았다. 학생, 학부모에게도 감정을 정리할 시간이 필요하다. 실제로 당일에는 어떻게 그럴 수 있냐며 노발대발 화를 내던 학부모가 다음 날에는 '애들이니까 그럴 수도 있죠'라고 하는 경험을 한 이후로 이 말을 절실히 느끼고 있다.

"때로는 시간이 약이다."

책, 외부 강사, 다양한 사이트와 프로그램을 갈등 지도에 활용하는 것도 좋은 방법이다. 학년이 올라갈수록 학교 폭력 예방 교육과 같은 갈등 조절 학습 내용을 다양화 해야 할 필요성이 커진다. 고학년의 경우 강의식 수업보다 회복적 생활 교육 등 프로그램에 직접 참여하고 활동하며 배우는 것이 더 효과적이다. 매일 만나는 익숙한 담임 선생님보다 낯선 외부 강사 선생님에게 긴장감을 느끼며 더 집중하는 수업이 이루어 질 수 있다. 그리고 이 과정에서 교사도 새로운 지도 기법을 배우면서 성장할 수 있다는 이점도 있다.

여느 반처럼 폭풍 같은 3월을 보내고 4월을 시작하며 우리 반 칠판 가장 윗부분에 새로운 문구를 적어 두었다.

'오늘은 평화 N일 째.'

학생들끼리 싸움이 없던 날, 혹은 갈등이 있었지만 교사의 개입 없이 학생들끼리 잘 해결한 경우에는 일수를 추가하고 싸움이 있었던 날은 다시 0으로 돌아간다. 부끄럽지만 현재 최고 스코어는 17일, 기록을 경신할 때마다 칭찬과 소소한 보상을 해 주며 평화의 숫자를 지켜나가고 있다. 이 글을 읽는 날부터 선생님의 교실에도 평화 한 조각이 깃드는 날이 늘어나기를 진심으로 바란다.

4장

갈등의 씨앗을 감동의 기회로 바꾸는
학급 갈등 해결 방법

박혜진

갈등을 바라보는 눈

갈등 없는 학급은 없다

발령을 앞두었던 시기로 돌아가 보자. 우리는 학급을 어떤 모습으로 상상했는가? 영화 속에서 그려지는 모습처럼 그림같이 앉아있는 아이들과 즐겁고 행복하게만 지내는 모습을 상상하고는 한다. 그런데 막상 우리가 마주한 교실은 상상과는 많은 차이가 있다. '오늘 하루도 무사히'를 외치며 교실에 들어서고, 교실에서 발생하는 기상천외한 갈등과 사건으로 하루를 보낸다. 갈등이 발생하면 처음에는 '애들이 왜 이러지?'라고 생각하며 이것이 아이들의 문제라고 인식한다. 그러다 횟수가 반복되면 '내가 잘못하고 있는 걸까?'라며 교사인 나의 문제로 접근하게 된다. 나를 탓하는 자조적인 생각이 들기 시작하면 스스로에 대한 낙담, 자신에 대한 신뢰 저하로 이어져 학급 운영에 어려움이 생긴다. 문제 상황이 발생할 때마다 원인을 나의 문제로 인식하는 사고방식은 자신을 갉아먹는 좀벌레가 되어 스스로를 괴롭히고 교사 생활에 악영향을 미친다. 따라서 선생님 자신을 위해서, 그리고 아이들을 위해서 교실 속 갈등을 바르게 이해하는 것이 반드시 필요하다.

갈등 없는 학급이 대한민국에, 아니 전 세계에 있을까? 결론부터 이야기하자면, 갈등 없는 학급은 없다. 처음 교직 생활을 시작한 열정 넘치는 신규 교사의 교실에도, 옆 반 고경력 교사의 교실에도, 수업 연구 대회에서 수상을 한 교사의 교실에도, 정년을 앞둔 베테랑 교사의 교실에도 갈등은 있다. 다만, 그 갈등을 어떻게 바라보고 다루느냐의 차이만 있을 뿐이다. 유전자가 같은 쌍둥이도 의견 차이로 싸운다. 그러니 각기 다른 유전자와 부모, 환경, 성장 과정을 가진 아이들이 모인 교실은 갈등의 온상지가 될 수밖에 없다. 교육자로서 우리는 갈등을 어떻게 바라보아야 하는지, 어떻게 갈등을 다룰 것인지를 아이들에게 가르칠 뿐이다.

갈등은 다 나쁜가?

갈등이라고 하면 어떤 장면이 떠오르는가? 어떤 기분이 드는가? 갈등이 발생하면 일단 눈살부터 찌푸리게 된다. 갈등을 해결하기 위해서는 갈등을 분석하고, 갈등에서 파생되는 복합적인 문제를 파악하며, 학급 공동체에 주는 부정적 영향을 차단하기 위해 많은 노력을 해야 한다. 그렇다면 갈등은 다 나쁠까? 좋은 갈등도 있다는 이상적인 이야기를 하려는 게 아니다. 갈등 없는 학급은 없기에, 이미 발생한 갈등을 어떻게 바라볼 것인지 의식을 전환하여 보자는 것이다.

닐스 크리스티[Nils Christie]는 갈등이 공동체의 재산으로써 가치 있는 자원으로 활용될 수 있다는 새로운 제안을 했다.[8] 흔히 공동체에서 발생하는 갈등이 공동체를 해하고, 유익한 논의를 함몰시킬 거라 생각한다. 닐스의 새로운 제안은 갈등을 재산으로 활용함으로써 공동체를 새롭게 바라보고, 공동체가 당면한 문제를 해결하는 과정과 방향, 방법 등을 재고할 수 있다고 전한다. 실생활에서 우리 눈에 보이는 갈등은 빙산의 일각인 경우가 많다. 갈등이 발생하기 전 수많은 전조증상이 있다. 따라서 갈등이 발생한다는 것은 기존에 공동체가 갖고 있었지만 드러나지 않았던 문제들이 수면 위로 올라오는 것이다. 갈등은 아이들이 서로를 인식하는 방식, 소통하는 방식, 문제를 해결히는 방식 등 서로 다른 삶의 방식이 충돌하는 것이다. 상충하는 존재를 다루는 것은 어려운 일이지만, 갈등이 일어났다는 것은 문제를 해결할 진원을 찾았다는 것과 같은 말이다. 갈등이 곪고 곪아서 화산 폭발하듯 터

8　앤드류 울포드, 아만다 네룬드. 김복기, 고학준 역(2022). **회복적 정의의 정치학**. 대장간.

지기 전에 이를 공동체의 평화를 유지할 재산으로써 활용해야 한다.

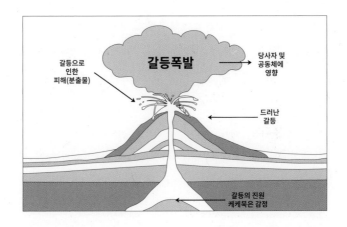

갈등에도 '이야기'가 있다

아이들과 이야기하다 보면 사연 없는 갈등은 없다. 입을 꾹 다물고 말하지 않는 아이들도 있지만 많은 경우 "선생님 쟤가요."로 시작해서 "유치원 때는요~", "쟤가 지난번에도 ~했구요.", "저는 가만히 있었는데 쟤가 먼저 그랬어요.", "모르고 그랬는데요." 등 다양한 이야기들을 한다. 서로 때리는 장면을 목격해서 불렀을 뿐인데 과거사를 알게 되고 서로에 대한 케케묵은 감정들이 꺼내지기도 한다. 겉핥기 식으로 문제를 다루었다가 문제가 더 커지기도 하는 이유는 바로 이 지점 때문이다.

갈등에는 이야기가 있다. 우리는 소설을 읽거나 드라마나 영화를 볼 때 갈등을 단편적으로 보지 않는다. 등장인물이 가진 배경, 등장인물 간의 관계, 등장인물이 살아가는 환경, 갈등이 발생하는 구조 등을 복합적으로 고려한다. 학급에서 발생하는 갈등도 마찬가지이다. 갈등이 생기면 갈등의 요소들 즉, 다툼이 발생한 배경, 원인, 과정, 결과 및 영향을 면밀히 파악하는 것이 필요하다. 단편적인 사건으로 보이지만 갈등은 많은 이야기를 내포하고 있다. 갈등의 숨은 이야기를 다음의 3요소를 이용하여 면밀히 파악할 수 있다.

갈등의 3요소를 파악하는 것도 중요하지만 갈등 분석에만 매몰되어서는 안 된다. 우리는 형사가 아니라 교사이다. 사건을 자세히 파악하여 갈등의 요소를 확인하는 것은 취조하려는 것도, 명확하게 사건을 분석하여 잘못의 정도를 점수 매기려는 것도 아니다. 우리는 갈등 상황에 처한 아이의 마음을 이해하기 위해 사건을 분석한다. 대부분의 갈등이 감정의 변화로 발생하기 때문이다. '어떤 일이 있었나요?'라는 간단한 발문으로 시작해도 된다. 아이의 이야기에 따라 편안하게 발문을 하면 자연스럽게 서사가 드러난다. 아이를 믿고 질문해보자.

구분	인물		사건			배경
	당사자 (주인공)	관련자 (조연)	원인	과정	결과	구조 및 상황
파 악 할 내 용	-누가 당사자 인가? -당사자의 평소 특징은? -주로 쓰는 말과 행동은? -당사자 간의 평소 관계는? -그때의 감정은?	-갈등에 연관된 정도는? -방관자/방해자/ 참여자 중 어떤 역할인가? -당사자와 어떤 관계인가? -그때의 감정은?	-사건이 발생한 배경 및 원인은? -이전에 관련된 사건이 있는가?	-사건의 내용은? -이전에 관련된 사건이 있는가?	-사건의 결과는? (신체,정신,관계적 피해) -사건의 영향은? (서로에게, 주변인에게, 공동체에,환경에)	물리적, 심리적, 환경적 요소

갈등의 3요소

갈등을 어떻게 해결할 것인가?

두 명의 아이가 새치기 때문에 싸웠다고 해보자. 우리는 보통 어떻게 해결을 하는가?

"무슨 일이 있었니? 누가 먼저 잘못했지? 새치기는 나쁜 행동이지? 먼저 새치기한 네가 친구에게 사과해야겠지? 사과하렴."

이 방법은 평화적인 갈등 해결 방법일까? 잘못을 한 사유가 명확하더라도 자기 잘못에 대한 책임을 스스로 느끼지 않는다면 평화적 갈등 해결 방법이 될 수 없다. 게다가 타인(외압)에 의한 사과는 진정한 갈등 해결에 방해가 될 뿐이며 아이는 갈등이 생겼을 때 해결하는 방법을 제대로 익힐 수 없다. 진정한 갈등 해결을 위해서는 갈등을 유발한 당사자가 잘못된 행동을 진심으로 인정하고, 피해를 회복하는 데 함께 노력해야 한다.

권위자(교사)나 법과 원칙에 의해 상황이 판단되는 것이 아니라, 발생한 피해를 회복하기 위해 갈등 당사자가 책임과 의무를 다하도록 돕는 것이 회복적 갈등 해결 방법이다. 회복적 갈등 해결은 특정한 방법을 적용하는 것이 아니라, 교사와 학생이 각자의 존엄을 지키면서 소통하여 갈등 해결 방법을 함께 찾아내는 것이다. 상호 소통하며 신뢰를 회복하는 과정을 거치면서 갈등 해결 방법을 익히는 것은 평화적 학급 공동체를 만드는 기반이 된다.

스스로 해결하는 갈등

학급 내 가벼운 갈등이 발생하면 아이들이 스스로 해결하도록 훈련하는 것이 중요하다. 하루에도 수십번씩 생기는 갈등을 교사가 다 알 수도 없고, 모두 해결해 줄 수도 없다. 간단한 갈등은 아이들이 스스로 해결할 수 있도록 가르쳐야 한다. 교사가 매번 갈등을 해결해 주는 것은 엉킨 머리카락을 매일같이 빗겨주는 것처럼 무의미하다. 아이가 엉킨 머리카락을 스스로 빗고, 매듭짓는 것을 배워가듯 스스로 갈등을 해결하는 것도 익혀야 한다.

갈등을 해결할 수 있다는 것은 건강한 자존감을 갖고 있다는 뜻이기도 하다. 그러나 모든 아이들이 건강한 자존감을 갖고 있지는 않다. 그래서 교실 내에서 갈등이 발생하고, 스스로 해결하지 못하는 것이다. 아이마다 갈등을 이해하고 해결하는 방식은 다양하다. 따라서 학급에서 일련의 평화적 갈등 해결 절차를 논의하고, 그 절차를 따름으로써 갈등을 해결해 갈 수 있도록 해야 한다. 수동적인 피해자, 혹은 반복되는 가해자로서 암묵적 역할과 관계를 굳혀가는 것이 아니라, 규칙이라는 구조를 통해 능동적인 참여자로서 갈등을 다루도록 지도해야 한다.

초등 교사들이 자주 이용하는 커뮤니티인 인디스쿨에도 훌륭한 선생님들의 다양한 화해 규칙이 공유되어 있다. 예를 들면 허승환 선생님의 '행감바/인사약'[9]과 같은 화해법을 학급에서 적용하면 아이들이 쉽게 화해하는 방법을 익힐 수 있어 매우 유용하다(자세한 설명은 뒤에서). 여기서 한발짝 더 나아가 학급에서 나름대로의 화해 규칙을 정해보고 적용해 보는 것은 어떨까? 아이들이 함께 정한 규칙과 약속은 자율성과 책임을 기반으로 만들어지기 때문에 아이들 스스로 지키게 하는 힘을 가지고 있다.

아이들의 갈등 해결을 돕는 학급 운영

아이들이 스스로 갈등을 다룰 수 있도록 하려면 갈등 해결을 돕는 학급 운영방법이 필요하다. 교과나 창의적 체험 활동 시간을 활용하여 갈등 해결 규칙이나 방법을 정하면 아이들 스스로 갈등을 해결하는 기반을 마련할 수 있다. 갈등 해결을 돕는 학급 운영은 다음의 세 가지 요소를 갖추면 된다.

첫째, 우리 반만의 화해 규칙을 만든다. 화해 규칙은 학급 회의를 통해 만든다. 회의 방식은 다양한 방법이 있지만, 다수의 참여를 위해서는 서클[10]방식으로 진행하거나 포스트잇을 활용하여 각자 쓰게 하는 것이 좋다. 포스트잇을 활용하면 목소리 큰 친구

---

9   허승환(2015). **허쌤의 학급경영 코칭**. 테크빌교육

10   서클은 회복적 생활교육의 지도방법 중 하나로 공동체 구성원 모두가 원으로 둘러 앉아 주제에 대해 이야기를 나누는 것을 말한다.

가 우리 반의 규칙을 좌지우지하지 않고 모두의 의견을 동등하게 반영할 수 있다. 조용한 친구들이 꼭 필요한 이야기를 해줄 때가 많다. 학생들의 주도적인 참여와 책임감 있는 의견을 기반으로 하되 교사의 적절한 개입과 안내를 바탕으로 화해 규칙을 만들고 실천한다.

화해 규칙 회의 방법(예시)

회의 주제: 친구와의 다툼 해결하는 나만의 방법 나누기

① 다툼을 해결하는 나만의 방법 쓰기(포스트잇)

② 칠판에 붙여 함께 살펴보기

③ 나만의 방법을 비슷한 것끼리 유목화하기

④ 우리 반의 갈등 해결 규칙 만들기

회의를 통해 나온 우리 반 화해 규칙(예시)

① 갈등이 생기면 나의 행동을 인정하고 사과한다.

② 사과는 구체적으로 한다.

③ 악수나 포옹 또는 고맙다는 인사를 한다(사과를 한 것과 사과를 받아준 것에 고마움).

④ 약속한 내용은 지킨다.

⑤ 가급적 갈등이 생긴 날 해결한다.

⑥ 서로 화해할 준비가 안 되어 있을 땐 시기를 정하고 잠시 거리를 둔 후 다시 이 야기한다.

둘째, 갈등의 정도를 구분할 수 있도록 한다. 교실에서 시시각각 일어나는 모든 갈등을 교사가 모두 다루기란 쉽지 않다. 갈등의 당사자인 아이들이 스스로 갈등을 해결하는 법을 배우고 익혀야 한다. 따라서 아이들이 갈등에 당면하면 우선 갈등의 정도를 파악하여 친구들과 해결할지, 선생님의 도움을 받을지 판단하도록 가르친다. 갈등이 생기기 전에 아이들과 함께 학급에서 발생할 수 있는 다양한 갈등 사례를 얘기해 보고 갈등의 정도를 나눈 뒤 학급에 게시하도록 한다. 특히 저학년의 경우 매일 담임 교사에게 친구를 이르는 경우가 많다. 이 때 스스로 해결할 수 있는 문제인지를 확인하도록 가르치면 이르는 횟수가 줄어들고 스스로 해결하는 힘을 기를 수 있다.

갈등의 정도를 파악해요	
스스로 해결할 수 있어요	도움이 필요해요
친구가 급식 줄을 새치기한 경우 내 자리에 허락 없이 친구가 앉아 있는 경우 친구가 지나가다가 실수로 치고 간 경우 친구가 같이 놀기로 했는데 잊어버린 경우	친구가 지속해서 나를 괴롭히는 경우 친구가 나를 때렸을 때 친구가 나를 따돌리거나 험담하는 경우 친구에게 얘기해도 내 얘기를 들어주지 않는 경우

스스로 갈등 정도를 구분할 수 있게 돕는 학급 게시물

셋째, 우리 반만의 화해법을 만든다. 어른들이 그렇듯 아이들도 누군가가 시켜서 하는 것보다 스스로 정한 것을 더 잘 지킨다.

다툼이 일어나면 서로 이야기하고 화해하는 것이 당연하지만 화해를 하는 방법은 사람마다 다르다. 그러다 보니 화해하는 과정에서 갈등이 해결되기 보다는 심화되기도 한다. 따라서 화해하는 방법을 함께 이야기 나누고, 우리 반만의 화해법을 만들어 교실에 게시하여 갈등이 발생할 때마다 보고 화해할 수 있도록 지도한다.

화해 과정에서 가장 중요한 점은 상대방의 속상한 감정을 알아주는 것이다. 속상한 감정을 상대가 알아주기만 한다면 아이들의 갈등은 쉽게 해결되기도 한다. 예컨대, "내가 네 물을 엎질러서 미안해."라고 내 행동에 대해서 사과만 하는 것이 아니라 "내가 네 물을 엎질러서 네가 정말 속상했구나. 미안해."라고 상대의 감정에 공감해주는 것이다. 나는 '행감바/인사약'의 과정을 변형하여 '행감바/감사약'으로 활용하고 있다. 우리 반만의 화해법을 만들고 아이들이 자연스럽게 익힐 수 있도록 활용해보자. 아이들 스스로 갈등을 해결해나가는 학급 운영을 통해 아이들은 좋은 관계를 경험을 할 수 있다. 이 경험은 자기효능감으로 이어지고 곧 자존감으로 연결된다. 건강한 자존감은 다른 친구들에게도 긍정적인 영향을 준다. 스스로 해결할 수 있는 갈등은 학급의 평화를 깨뜨리는 풍랑이 아니라 학급 공동체라는 배를 나아가게 하는 순풍이 되어줄 것이다.

친구에게
사과 받고 싶을 때
필요한 아이스크림

행
감
바

1. 행동: 네가 ~해서,
 – 친구의 행동(평가No, 사실 그대로)

2. 감정: 내가 ~(감정)했어.
 – 나의 솔직한 감정

3. 바라는 점: 앞으로는 ~했으면 좋겠어.
 – 친구에게 바라는 점

친구에게
사과해야 할 때
필요한 약

감
사
약

1. 감정: 내가 ~해서, 네가 ~했을 것 같아.
 – 잘못 인정, 친구의 감정에 공감

2. 사과: 정말 미안해.
 – 진심을 담기

3. 약속: 앞으로는 ~할게.
 – 지킬 수 있는 약속

행감바/인사약 변형 행감바/감사약

회복적 정의[11]를 바탕으로 함께 해결하는 갈등

아이들 스스로 해결하기 힘든 갈등의 경우에는 교사나 학급 공동체의 도움이 필요하다. 이때 교사의 독단적인 개입으로 해결할 것이 아니라, 평화의 가치를 살리며 당사자들의 온전한 삶을 회복하는 방향으로 해결하기 위해 '회복적 대화'를 해야 한다. 갈등이 발생하면 먼저 우리 학급의 규칙(또는 존중의 약속)에서 어느 부분이 지켜지지 않았는지 확인한다. 그리고 당사자 간의 대화를 통해 서로에게 입힌 피해와 영향을 확인한다. 회복적 질문[12]

---

11 회복적 정의: 회복적 정의란 단순히 갈등을 해결하는 방법론적 개념이 아니라 개인과 공동체가 함께 깨진 관계를 바로잡음으로써 서로 존중과 신뢰를 바탕으로 공동체를 세워나가는 철학적 패러다임이다.
잘못은 피해를 만든다. 그러므로 처벌이 아닌 피해를 치유하는 회복이 곧 정의이다. 회복적 정의는 '치유와 화해를 부르는 정의'이다. (출처: 한국평화교육훈련원(KOPI) 누리집, https://kopi.or.kr/)

을 활용하는 이유는 서로의 감정을 드러내지만, 이것이 감정적인 대화가 되어 대화의 목적을 흐리지 않게 하기 위해서다. 또한 대화 후 자기 성찰의 시간을 가지며 자신이 끼친 영향을 스스로 파악하고 자발적 책임을 질 수 있도록 하기 위해서다. 질문의 흐름을 따라 물어보되, 아이의 마음과 맥락을 읽어가는 노력이 필요하다. 중요한 것은 정답을 찾는 것이 아니라, 대화할 때 서로의 말을 경청하고 상대의 마음을 반영함으로써 서로를 이해하는 공간을 만드는 것이다.

질문 과정이 익숙하지 않다면 회복적 질문지를 출력하여 책상 아래나 칠판에 게시해 두고 이야기를 나눌 수 있다. 갈등 당사자가 고학년인 경우에는 회복적 질문지를 학생에게 주고 작성하게 한 다음 대화를 이끌어가도 된다. 질문에 대한 답을 작성하면서 상황을 정리할 수 있고, 문제로 인한 영향과 자신의 책임을 돌아볼 수 있기 때문이다.

회복적 대화를 할 때에는 당사자들이 솔직하게 대화를 할 수 있도록 편안한 공간을 마련하는 것이 좋다. 친구들이 없는 조용한 교실을 활용하거나 상담실을 이용하도록 한다. 만약 당사자가

---

12 회복적 질문은 회복적 정의와 회복적 생활교육에서 활용하는 갈등해결 방법이다. 회복적 질문의 단계는 상황이해, 영향 파악, 자발적 책임, 관계 설정, 성장의 기회로 이루어져 있으며, 각각의 단계는 질문의 흐름이자 질문의 목표가 된다. 따라서 아이들과 질문을 활용한 대화를 통해 갈등을 해결할 수 있다.

갈등으로 인하여 감정 조절이 안 되었을 경우 잠시 시간을 두고 시작해도 된다. 당사자의 맥락과 상황을 고려하되 솔직하게 이야기 나눌 수 있도록 안내한 다음 시작하도록 한다. 회복적 질문을 통해 아이들이 서로 대화를 나누고, 잘못을 인정하고 사과하였다고 해서 문제가 모두 해결된 것이 아니다. 잘못을 사과 한 뒤 서로에게 약속한 행동을 지키는 것까지가 진정한 화해이자 회복임을 안내한다. 대화를 마치고 상호 동의가 있다면 약속 편지를 쓰는 것도 좋다. 추후 갈등이 심화되거나 학교폭력으로 전환되었을 경우 교사의 지도 자료로 쓰이기도 하고 갈등 해결을 위한 참고 자료로 삼을 수 있다.

갈등을 감동으로 전환하기

갈등을 공동체의 걸림돌이 아닌 관계를 재설정하고 평화를 다지는 주춧돌로 삼으려는 준비가 되었다면, 갈등이 그 자체로 머물지 않고 감동이 되는 학급을 만들어 갈 수 있을 것이다. 이를 위해서는 갈등이 발생했을 때만 대처하는 것이 아니라 갈등이 발생하기 전에 학급의 관계를 살피고, 평화를 유지하기 위해 노력하는 일이 필요하다. 구체적인 방법은 다음과 같다.

첫째, 평화의 기반을 다지는 학급 세우기를 한다. 학급의 1년을 좌우하는 3월 아이들에게 무서운 인상을 심어 공포 심리를 자극하고 규율을 정하는 것은 평화를 유지하는 데 한계가 있다. 공포 정치 뒤에서는 보이지 않는 에너지의 흐름이 교사의 예상과는 전혀 다른 방향으로 튀어버리기 때문이다. 따라서 3월에는 아이들과 함께 평화의 기반을 다지는 학급 세우기를 해보자. 학급의 가치, 목표, 지향점, 학급 별명 등을 함께 만들어 보는 것이다. '우리 반'이라는 소속감과 자긍심은 '우리 반에 속한 나'의 모습을 변화시킨다. 학급 세우기 방법은 다음과 같다.

평화의 기반을 다지는 3월 학급 세우기

① 우리가 꿈꾸는 학급의 모습 상상하기
- 이미지 카드를 이용하여 상상하는 학급의 모습 이야기 나누기
- 원하는 학급의 모습을 가치로 표현하고 가치를 유목화하기
- 우리가 꿈꾸는 학급의 가치를 담은 목표 설정과 학급 별명 만들기

② 학급 존중의 약속 만들기
- 존중의 약속이 필요한 상황 이야기하기
  (수업 시간, 쉬는 시간, 갈등 상황, 온라인 상황)
- 각 상황에서 필요한 약속 이야기 나누기
  (학생이 학생에게, 학생이 교사에게, 교사가 학생에게 등)
- 시기마다 학급 회의를 통해 재논의하여 다시 명시하고 게시하기

③ 마음을 나누는 서클
- 체크인/아웃 서클: 한 주의 시작과 마무리에 간단히 이야기를 하는 서클
- 주제 서클: 우리 학급에서 꼭 나누고 싶은 주제를 함께 이야기하는 서클
  (평화, 갈등, 관계, 개학, 학기를 마치며, 가족, MBTI, 그 밖의 다양한 주제 가능)

서클을 운영하는 것은 쉽지 않다. 서클 시간에 집중하지 못하고 떠드는 아이들을 경청하게 하는 것이 어렵기 때문이다. 따라서 교사는 서클을 왜하는지 목적과 의미를 알고 있어야 한다. 서클은 학급에서 목소리 작은 친구들의 자기 표현 기회, 친한 친구뿐 아니라 다양한 친구들과 소통하는 기회, 교사인 내가 아이들 삶의 이야기를 들을 기회, 경청을 훈련하는 기회로 활용할 수 있다. 서클은 꼭 무언가를 해야 한다는 의무감에서 벗어나 함께 삶을 이야기하며 연결되는 경험을 하는 것만으로도 충분하다. 운영이 쉽지는 않지만 평화로운 학급 공동체의 기반을 다지는 데 서클만큼 강력한 무기도 없다.

둘째, 갈등에 대처하는 방법을 익힌다. 갈등 당사자들이 갈등을 직접 해결하는 것도 중요하지만 그것보다 중요한 것은 학급의 모든 아이들이 평화 감수성을 바탕으로 갈등을 막는 힘을 기르는 것이다. 학급에 갈등이 발생했을 때 방관하고 있던 다수의 아이들이 방관자가 아닌 갈등의 방어자로서 그 역할을 할 수 있다면 교실에서 발생하는 갈등을 억제할 수 있다. 갈등이 발생하는 원인은 다양하지만 주로 차이점이 충돌하는 과정에서 발생한다. 각 갈등 주체의 차이점을 줄이려고 하는 것도 필요하지만, 서로의 차이를 인정하고 그것이 폭력의 이유가 되지 않도록 학급 전체가 평화적 압력을 만들어 가는 것이 필요하다. 우리는 갈등의 방관자가 아니라 방어자라는 인식 아래 학급의 평화를 지키는 주체가 되도록 하자. 평화를 만들어 내는 것은 한 두명의 힘이 아니다. 학급 공동체가 함께 만들어가는 평화적 압력이 갈등의 근본적 해결 방법일 것이다. 갈등에 대처하는 방법을 익힐 수 있는 수업과 활동은 다음과 같다.

갈등에 대처하는 방법 익히기

① 그림책 함께 읽기: 캐트린 오토시의 '일(One)'
- 그림책을 읽고 질문 만들기: 그림책 '일'에서 나는 어떤 색깔의 친구일까? 빨강이를 멈추기 위해 어떤 일이 일어났는가? 등의 질문을 만들어본다.
- 그림책에서 방어자의 역할 이해하기

② 방어자 놀이
- 가해자, 피해자 역할을 정한다.
- 가해자는 두 걸음씩 움직이고, 피해자는 한 걸음씩 움직인다. 나머지는 방관자 역할을 하여 자리에 앉아서 본다. 피해자가 잡히는 데 걸리는 시간을 잰다.
- 방어자를 2~3명 추가한다. 방어자는 이동할 수 없지만 두 팔을 벌려 가해자를 막거나 피해자를 보호할 수 있다. 피해자가 잡히는 데 걸리는 시간을 잰다.
- 방어자를 4~6명 추가한다. 피해자가 잡히는 데 걸리는 시간을 잰다.
- 방어자를 N명 추가한다. 피해자가 잡히는 데 걸리는 시간을 잰다.
- 방관자만 있을 때와 방어자가 있을 때의 시간과 상황을 비교해본다.
- 가해자, 피해자였을 때 느낀 기분을 이야기한다.
- 방관자, 방어자였을 때 느낀 기분을 이야기한다.
- 더 자세한 내용이 알고 싶다면 유튜브에 '방어자 놀이'를 검색해보자.

---

③ 올베우스 4대 규칙을 활용한 우리 반 실천 서약 만들기

- 규칙1. 우리는 다른 친구를 괴롭히지 않을 것이다.

- 규칙2. 우리는 괴롭힘을 당하는 친구를 도울 것이다.

- 규칙3. 우리는 혼자 있는 친구들과 함께 할 것이다.

- 규칙4. 만약 누군가 괴롭힘을 당하게 된다는 것을 알게 된다면 우리는 학교나 집
의 어른들께 이야기 할 것이다.

- 규칙1~4를 참고하여 우리 반만의 실천 서약을 만들어 보고 선언해보자.

셋째, 우리 반만의 평화 공간을 만들어 보자. 교실에 우리들만의 평화 공간을 만들어보면 어떨까. 교실 후면을 차지하고 있는 사물함을 90도 돌려서 공간 분할을 해보자. 교실 모서리에 푹신한 폼매트를 깔거나 소파나 여분의 책상을 갖다 둘 수도 있다. 아이들이 편안하게 느낄 공간을 만들고 평화 공간의 이름을 정해보자. 교실이 딱딱한 공간이 아니라 평화를 느낄 수 있는 공간이라면 아이들도 갈등을 만들기 보다는 평화를 누리고 싶지 않을까. 평화 공간에서 평소에는 보드게임이나 그림을 그리며 놀 수도 있고, 갈등이 생겼을 때 갈등 해결의 장소로 활용할 수도 있다. 학급에서 정한 평화 규칙, 화해법, 올베우스 4대 규칙 등을 눈에 보이는 곳에 게시해두자. 학급이 편안한 공간이 되면 자연스럽게 사과가 이루어지기도 한다.

```
우리 반 평화 공간 만들기

- 아이들과 함께 협의하여 학급내 평화 공간을 만든다.
- 평화 공간에 화해 규칙을 붙여둔다.
- 갈등이 발생하면 평화 공간으로 간다.
- 평화 공간에서 정해진 규칙에 따라 화해의 시간을 갖는다.
```

갈등해결을 도울 TMI Teacher's Must-have Instructions

나에게 맞는 방법을 찾자

교직 경력이 쌓여 갈수록 다양한 문제 해결 방법과 교육적 스킬이 쌓인다. 교사 커뮤니티에서 얻을 수 있는 자료나 연수원에서 배울 수 있는 방법도 무궁무진하다. 그러나 수백 개의 좋은 방법이 있더라도 나에게 맞는 방법은 따로 있다. 그 방법을 어떻게 찾아야 할까? 일단 시도해보는 것이다. 눈으로 보고 넘긴 다른 사람의 방법은 내 것이 아니다. 직접 적용해 보아야 나에게 맞는 것인지 확인할 수 있다. 다양한 시도 후에는 나의 교육관을 점검해 보며 나에게 맞는 방법을 만들어 가야 한다. 고민과 성찰 없는 벤치마킹은 나를 성장시킬 수 없다. 나에게 맞는 방법을 만들어 가보자.

학급 내 아이들의 관계를 살피고, 평화적인 학급을 만들며, 갈등을 해결해 나가는 방법은 무궁무진하다. 여기에서 제시하는 방법들도 하나의 예시일 뿐이다. PDC 학급 긍정 훈육, 회복적 생활교육, 버츄 프로젝트, 비폭력 대화 등의 다양한 교육 방법들을 마음껏 누려보고 나의 교육관의 방향을 찾아나가길 바란다.

독박 해결 No! 공동 해결 Yes!

교사들은 내 학급을 내가 완벽하게 관리해야 한다는 책임감에 학급의 어려움을 주변에 말하기가 쉽지 않다. 그렇지만 혼자 해결하다 보면 소진되기 쉽고, 문제가 해결되기는커녕 해결할 수 없을 정도로 커지는 경우도 많다. 교직 생활을 처음 시작할 때 '비빌 언덕을 찾으라'는 조언을 들었다. 비빌 언덕은 함께 어려움을 나누며 도움이 될 수 있는 동료 교사를 말한다. 발령받으며 알게 된 동기들일 수도 있고, 함께 근무하는 선배 교사일 수도 있고, 학교 밖의 연구회나 연수를 통해 알게 된 동료일 수도 있다. 교실 문을 열고 나가면 따뜻하게 손 내밀어주는 선생님들이 있다. '혼자 가면 빨리 가고 함께 가면 멀리 간다'는 말이 있다. 긴 교직 생활의 동반자들과 어깨를 맞대며 이겨낼 힘을 얻길 바란다.

갈등의 정도가 심한 문제에 당면했을 때에는 반드시 학교 내외의 공식적인 기구와 관리자의 도움을 받길 권유한다. 사안이 중대하거나 보호자의 개입으로 갈등이 복잡해진 경우 등 담임 교사 혼자서 해결이 불가능한 경우가 꽤 있다. 담임이 독박을 쓰다 보면 쪽박이 될 수 있다. 선생님이 무능해서가 아니라 학교의 구조적인 문제 또는 환경적 문제, 그리고 사회적인 문제 때문이다. 이 경우에는 반드시 학교 내외의 협력 체제에 당당하게 요구하길 바란다. 우리가 학급의 책임자이기도 하지만, 우리 학급을 관리하고 보호해야 할 의무는 우리 학교 구성원(관리자 및 협의체)에게도 있기 때문이다. 덧붙여 학교 내에서 해결할 수 없는 문제들은 학교 밖의 교육청, 노조 등을 통해 해결 방법을 찾을 수도 있다.

교실의 보호자인 교사를 먼저 챙기자

교육 현장에서 살아남기 위해서는 먼저 나를 챙기는 것이 중요하다. 비행기에 타서 안전 수칙을 안내 받을 때면, 위급 상황 시 기내의 산소 마스크를 보호자가 먼저 착용하고 아이들에게 착용시키라고 한다. 물에 빠진 아이를 구할 때도 구조자가 먼저 안전을 확보한 후에 구조 활동을 하라고 한다. 왜냐하면 사고자를 먼저 챙기려다가 구조자가 위급 상황에 처하면 모두가 위험해지기 때문이다. 우리도 마찬가지이다. 아이들을 챙기려면 우선 교사가 자기 자신을 돌보아야 한다. 아이들을 제쳐두고 교사 위주로 생각하라는 의미가 아니다. 교실에서 문제가 발생했을 때 교사가 스스로를 돌보지 못하면 아이들을 돌볼 수 없기 때문이다. 사안이 심각한 경우 학부모, 학교 내 담당자, 관리자, 교육청, 상담 센

터 등 다양한 관계자들이 개입될 수 있는데 이때 교사가 자신의 목소리를 분명하게 내지 않으면 주변의 상황에 휘둘릴 수 있다. 또한 사안이 심화될수록 가장 중요한 주체인 교사와 아이들의 목소리는 사라지고 주변의 판단으로 상황이 정리되기도 한다. 따라서 교실을 불안하게 만드는 갈등 상황이 있다면 해결하려고 노력하되 우선 교실의 보호자인 나를 챙기고 아이들을 챙기자.

아이들과 함께하는 학교 생활이 늘 행복하기만 하면 얼마나 좋을까. 그러나 학교는 다양한 주체의 여러 삶이 존재하는 곳으로 갈등에서 자유로울 수 없다. 거센 풍랑이 있다면 주변에 구조 신호를 보내거나 가끔은 항해를 멈추고 바라보는 것도 필요하다. 꼿꼿이 서서 풍랑에 맞서다가 오히려 전복될 수도 있기 때문이다. 파도의 흐름을 보며 잠시 쉬어가는 것도 나쁘지 않다. 교육 현장에서 교사는 여러 가지 갈등으로 꺾이고, 패이고, 갈리고, 마음속에 다 타버린 재만 남기도 하지만 우리는 잿더미 속에서도 다시 불씨를 틔우곤 한다. 아이들의 수줍은 미소, 손 편지 한 장에 울고 웃으며 말이다. 우리는 아이들을 바라보며 아이들과 함께 다시 항해를 시작한다. 교직이라는 길고 긴 항해 중 만나는 아이들의 삶을 응원하며 오늘도 노를 저어 앞으로 가는 선생님의 아름다운 여정을 응원한다.

회복적 생활교육 학급 운영 가이드북. 정진. 피스빌딩

학급긍정훈육법. 제인 넬슨, 린 로트, 스티븐 글렌. 에듀니티

학급긍정훈육법 실천편. PD코리아. 교육과실천

갈등전환. 존 폴 레더락. KAP

허승환 나승빈의 승승장구 학급경영. 허승환, 나승빈. 아이스크림

회복적 정의의 정치학. 앤드류 울포드, 아만다 네룬드. 대장간

민주시민교육과 평화로운 학급공동체 워크북(초등용). 경기도 교
육청

경기형관계회복프로그램 워크북(초등). 경기도 교육청

회복적 생활교육으로 학급을 운영하다. 강현경 외 7인. 교육과 실
천

회복적 정의를 어떻게 배울 것인가. 린지 포인터, 캐틀린 맥고이,
해일리 파라. 대장간

회복적 교육(책임, 치유, 희망을 일구는 교육 철학). 캐서린 에반
스, 도로시 반더링. 대장간

제3부

학생과 학부모를
넘나드는
관계의 기술

5장

혼내기의 기술
: 우리에게 필요한 건 화내지 않는 단호함

이현경

혼내는 방법[13]을 가르쳐주는 연수는 없나요?

저는 이런 선생님이었어요

시작하기에 앞서 이 글을 쓴 목적을 미리 알리고자 한다. 최근 많은 선생님들이 아이들을 혼낼 수 없는, 또는 혼내기를 자발적으로 포기하게 만드는 사회 분위기가 형성되고 있다. 이런 상

---

[13] 여기서 혼내는 것은 훈육의 한 방법이다. '혼내다'의 의미는 '윗사람이 아랫사람의 잘못에 대하여 호되게 나무라거나 벌을 주다'이지만 이 글에서 사용되는 혼내다는 '훈육하다'의 의미에 가깝다. '훈육하다'는 '품성이나 도덕 따위를 가르쳐 기르다', '덕으로써 사람을 인도하여 가르치고 기르다'라는 뜻을 가진 단어로, 교사가 학생을 혼내는 목적은 처벌보다는 '훈육'에 있어야 하기 때문이다. 이후 언급되는 '혼내다'의 단어는 '훈육'으로 해석한다.(용어 풀이: 국립국어원 표준국어대사전, https://stdict.korean.go.kr/main/main.do)

황에서 혼내는 것을 주제로 글을 쓰는 것이 시의적절한 것인지, 이상적인 주제는 아닐지 고민이 되었다. 하지만 나는 학생들의 올바른 성장을 위해 교사의 적절한 혼내기는 여전히 필요하다고 생각하기 때문에 이 글을 쓰기로 마음 먹었다.

정작 나는 신규 교사 시절부터 잘 혼내지 못하는 교사였다. 다양한 이유가 복합적으로 작용했기 때문이지만 본래 성향에서 비롯된 지나치게 허용적인 태도가 가장 큰 원인이었다. 결과적으로 나는 권위 없는 교사가 되었고 스스로의 모습에 자괴감을 느끼며 고통스러웠다. 나와 비슷한 경험을 하거나 비슷한 감정을 느끼는 선생님들께 이 글이 도움이 되었으면 한다.

나의 본래 성향은 다음과 같았다. 첫째, 평소에 타인과 다른 내 생각이나 거절 의사를 표현해 본 적이 거의 없다. 누군가 나를 존중하지 않는 말과 행동을 해도 그 상황만 좋게 좋게 넘어가려고 할 때가 종종 있었다. 문제 상황을 회피하려는 성향이 강했다. 둘째, 평소에 화를 내거나 분노를 잘 표출하지 않는다. 그러나 감정은 자연스럽게 쌓여 어느 순간 갑자기 폭발하기도 했다. 그런데도 감정을 표현하지 않는 까닭은 타인에게 나쁜 사람으로 보이거나 남이 나를 싫어하는 것을 견디기 힘들어 하기 때문이다. 누구에게나 좋은 사람으로 남기를 원했다. 이러한 성향은 교사로서 학생들을 적절한 시기에 적절하게 혼내지 못하는 원인이 되었다.

어제까지만 해도 학생이었던 내가 졸업하자마자 갑자기 선생님이 되는 것은 굉장히 어색했다. 정확하게 말하면 교사가 된 내가 학생들을 책임지고 지도해야 하는 위치에 있다는 것이 어색했다. 나는 우리 반 학생들을 '학생이니까' 저렇게 생각하고 행동할 수 있다고 생각하고 지나치게 이해해 주며 허용해 주는 선생님이 되었다. 하지만 이런 태도는 오히려 학생들에게도, 나에게도 혼란을 야기했다. 학생들로부터 "선생님은 너무 착해요. 선생님은 너무 친절해요."라는 말을 종종 들었다. 처음에는 학생들이 나를 좋은 교사로 인정해 준다는 뜻으로 받아들였으나 실제로는 그렇지 않았다. 시간이 지나면서 아이들이 나를 존중하지 않는다고 느껴졌다. 교사로서 존중받지 못한다는 생각에 기분이 나빠졌다. 그래서 아이들에게 화를 내기 시작했다. 지나치게 허용적이고 친절하다가 갑작스럽게 화내기를 반복하는 나의 지도는 학생들에게 가닿지 않았다. 결국 '자꾸 그러면 부모님께 말씀드린다. 자꾸 그러면 담임 선생님께 말씀드린다' 등의 말을 하며 스스로 권위를 깎아내리고 타인의 권위로 학생들이 훈육되기를 바라게 되었다.

신규 교사인 나는 왜 혼내는 방법을 알고 싶었나

초임 교사 시절에는 학생들과 좋은 관계를 맺기 위해 학생들이 좋아하는 어른이 되는 것에 초점을 맞췄다. 학생 때의 기억을 떠올려 보면서 잔소리를 안 하는 선생님, 화를 안 내는 선생님, 친절하고 착한 선생님이 되는 것에 급급했다. 겉으로는 학생들에게

인기 있는 선생님처럼 보였지만 가까이서 보면 학급 운영은 점차 곪아가고 있었다.

수업 시간이든 쉬는 시간이든 우리 반은 항상 시끄러웠다. 수업에 흥미를 느끼지 못하는 아이들이 잡담을 하기 시작했고 수업을 들으려는 아이들에게 방해가 됐다. 나는 적절한 시기에 개입해서 지도하는 능력이 부족했고 소란스러운 상태로 수업이 진행되는 경우가 많았다. 쉬는 시간에 학생을 불러 개별 지도할 때 내 목소리가 들리지 않을 정도로 교실이 시끄럽기도 했다.

아이들은 점차 교사가 잘 해주는 것을 당연하게 생각하고 '수업하지 말고 놀자'는 식의 무리한 요구를 당당하게 하기에 이르렀다. 좋은 선생님이 되고 싶어도 아이들이 도와주지 않는다며 학생들을 탓하는 마음이 생기기 시작했다. 교사는 좋게 행동했는데 학생들이 화나게 했으니 버럭 화를 내도 된다고 생각했다. 좋은 마음으로 학생들을 이해하려고 노력하는데 받아들여 주지 않으니 포기해버리고 회피해도 된다고 생각했다. 이런 마음으로 학급 경영을 하는 것은 교사로서 효능감을 사라지게 했다. 다음 해부터는 아이들이 절대 만만하게 보지 못하는 무서운 선생님이 되어야겠다고 생각했다. 무서운 선생님이 되려면 잘 혼내야 한다고 생각했다. 이 당시의 내가 생각하는 혼내는 것의 정의는 사전적 의미의 혼내는 것이었다. 학생을 아랫사람으로 대하고 호되게 나무라고 벌을 주고 꾸짖는 것이다. 혼내는 방법을 알려주는 연수가 있다면 당장 신청하고 싶었다. 하지만 세상에 그런 연수는 존재하지 않았다.

여러 책과 연수, 주변 선생님들의 조언을 통해 그런 방법을 알려주지 않는 이유가 무엇인지 어렴풋이 알게 되었다. 잘 혼내는 선생님은 무서울 필요가 없었고 호통칠 필요도 없었다. 대신 다른 방법이 필요했다.

권위는 내가 아니라 학생이 만들어 주는 것

교사의 권위가 필요한 이유

혼내는 방법을 고민하면서 '왜 혼을 내야 하는가'에 대한 원론적인 고민을 하기 시작했다. 매슬로의 욕구 단계의 이론^{Maslow's} ^{hierarchy of needs}에 따르면 인간의 욕구는 5단계로 나뉜다.

1단계는 생리적 욕구, 2단계는 안전 욕구, 3단계는 사회적 욕구(소속과 애정의 욕구), 4단계는 존경 욕구, 5단계는 자아 실현 욕구이다. 매슬로우가 말하는 욕구는 아래 단계의 욕구가 충족되어야만 위 단계의 욕구를 추구할 수 있다는 특징이 있다.

여기서 주목할 단계는 바로 2단계, 안전 욕구이다. 아이들이 친구들과 사이좋게 지내고(3단계), 선생님을 존중하고 존중받으며(4단계), 자신의 꿈을 실현하기 위해 공부도 하는(5단계) 학급

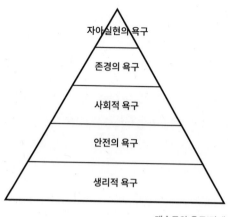

매슬로의 욕구 단계

이 되려면 자신이 안전하다는 욕구가 충족되어야 한다. 이때 아이들이 신체적, 정신적으로 안전함을 느끼려면 교사의 역할이 매우 중요하다. 안전한 교실은 '되는 것과 안 되는 것'이 명확하게 구분될수록 잘 형성된다. 국가의 법이 구체적이고 모든 사람이 법을 신뢰하고 잘 따를 때 국민이 안전한 나라에 살고 있다고 느끼는 것처럼 말이다. 교실에서 지켜야 할 규칙을 명확하게 구분하고 관리하는 데는 교사의 역할이 매우 크다. 교사는 학급 규칙을 어기는 학생이 생겼을 때 그것이 허용되지 않음을 명확히 알려줄 수 있어야 한다. 그러려면 교사에게는 제대로 혼낼 수 있는 권위가 있어야 한다. 권위 있는 교사가 학생들의 안전 욕구를 충족시켜 줄 수 있고, 학생들에게 의미 있는 학교 생활도 만들어 줄 수 있다.

화내는 것 vs 혼내는 것

하지만 교사의 권위가 자연스럽게 생기지는 않는다. 권위는 학생들이 선생님의 영향력을 인정할 때 생긴다. 선생님의 영향력은 어떻게 만들어지는가? 다양한 방법이 있겠지만 감정적인 판단 대신 일관되고 이성적인 판단을 하는 것에서부터 시작된다. 그런 의미에서 학생에게 화를 내는 것과 혼을 내는 것은 다르다. 신규 교사일 때는 화내는 것과 혼내는 것을 동의어로 간주하고 혼낼 때는 반드시 무서워야 한다는 고정관념이 있었다. 하지만 아이들은 본능적으로 알아차린다. 선생님이 우리에게 화풀이하고 있다는 것을 말이다. 같은 행동을 했을 때 기분이 좋으면 넘어가고 기분이 좋지 않으면 화내는 이런 일관성 없는 교사의 태도는 학생에게 신뢰감을 주지 못하고 교사의 영향력과 권위를 잃게 만든다. 혼을 내는 것은 화를 내는 것과 다르다. 혼을 내는 것은 반복되는 문제에 대해 일관성 있고 단호하게 학생을 지도하는 것이다. 학생이 문제 행동을 할 때 선생님의 생각을 명확하게 전달하여 멈추도록 하는 것이다.

교사와 학생 간의 적당한 거리 두기

학급 분위기 형성에는 교사의 역할이 크다. 한 연수에서 알게 된 바움린드^{Diana Baumrind}의 부모 유형에 비춰본 교사 유형을 소개하

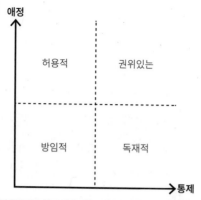

바움린드의 부모 양육 태도 유형에 비추어 본 교사 유형

고자 한다.

바움린드는 부모의 유형을 통제와 애정이라는 척도를 통해 크게 4가지 유형으로 구분했다. 그중에서 교사와 관련지어 눈여겨볼 유형은 '허용적 유형'과 '권위 있는 유형'이다. 허용적 유형은 아이에 대한 애정은 높지만 통제는 하지 않는 유형이다. 이 유형의 부모 아래서 자란 아이는 자신감이 높다. 하지만 인내심이 부족하고 규칙을 쉽게 무시할 수 있다. 허용적 유형에 해당하는 교사의 학급 학생들도 이와 유사한 모습을 보일 수 있다. 학생들은 시간이 지날수록 학급이라는 사회생활에서 지켜야 할 규칙을 지키지 않을 가능성이 높고, 교사의 적절한 통제가 필요한 경우에도 통제가 제대로 이루어지지 않을 수 있다.

권위 있는 유형은 아이에 대한 애정도 높고 통제도 이루어지는 유형이다. 권위 있는 유형의 부모가 양육하는 방식은 아이에게 반응을 잘하며 애정이 있고 훈육은 일관되고 논리적인 태도로 이루어진다. 이렇게 자란 아이는 자신감이 높아지고 책임감과 사회성도 길러진다. 학급에서 교사가 학생들을 대할 때도 마찬가지다. 학생에 대한 적절한 애정과 적절한 통제가 있을 때 생활 지도가 이루어질 수 있다. 학생들은 교실에서 다른 사람에게 피해를 주는 말과 행동을 할 수 있다. 권위 있는 교사는 상황을 인지한 후 학생에게 정확하게 알려주고, 학생에게 언행을 바로잡을 기회를 줄 수 있다. 이렇게 하면 학생들은 자신의 언행에 스스로 책임지는 기회를 갖게 되고 자신감이 높아지며 타인과 관계를 맺는 능력 또한 향상될 수 있다. 학생들은 교사가 자신에게 관심이 있다는 것을 알게 되고 성장에 영향을 준 교사를 신뢰하며 권위를 인정하게 된다.

권위 있는 유형의 교사는 다른 유형과 비교했을 때 학생과 가장 적절한 거리를 유지하는 교사라고 할 수 있다. 허용적 유형의 교사는 학생과의 거리가 너무 가까운 상태일 수 있다. 이때 말하는 '거리가 가깝다'의 의미는 교사가 학생을 진심으로 사랑하고 아끼고 학생의 눈높이에 맞춰 학생들을 이해하는 것을 넘어서는 정도를 말한다. 이런 경우 학생은 교사의 피드백을 지도가 아닌, 친구가 해주는 조언 정도로 받아들이게 된다. 애정이 높고 통제가 낮은 경우 지도의 효과가 떨어질 수 있다.

반면 독재적 유형의 교사는 학생과의 거리가 너무 먼 상태일 수 있다. 학생들은 교사의 애정을 느끼기 어렵고 교사의 지도 형식이 강압적이고 자칫하면 폭력적인 방식으로 보일 수 있다. 겉으로 보기에는 학급 경영이 잘되고 있는 것처럼 보일 수 있지만 실제로는 교사와 학생 사이의 라포르 형성이 어렵기 때문에 소통이 잘 되지 않게 된다. 그러므로 권위 있는 유형의 교사가 되기 위해서는 교사와 학생 사이 너무 멀지도 가깝지도 않은 적당한 거리 유지가 필요하다.

권위 있는 교사가 되기 위해 시도한 방법

올바른 생활 지도를 위해 교사의 권위가 필요하고, 적당한 훈육이 필요하다는 것을 이해했지만 구체적인 방법을 몰라 막막할 때가 있었다. 교사의 권위가 훈육할 때만 형성되는 것은 아니다. 수업이나 평소 생활 태도 등 교사의 전반적인 모습을 통해 교사의 권위가 만들어진다. 이 장의 주제는 혼내는 것, 즉 훈육과 관련된 글이므로 학생들을 바르게 혼냈던 경우에 한정하여 내가 시도했던 권위 있는 교사가 되는 방법을 정리하였다.

권위 있는 교사가 되는 언어적 방법

첫째, 감정적으로 화를 내지 않고 교사의 생각을 명확하고 구체적으로 전달한다. 실제 학교 현장에서는 학생들에게 가르치는 '나 전달법'을 활용했다.

"○○아, 지금 선생님 말을 끊고 네가 말해서(학생의 행동), 선생님 기분이 안 좋아(교사의 감정). 선생님 말이 끝나면 이야기하자(바람)."

둘째, 교사에게 예의를 지키지 않는 언행을 할 때는 즉시 이야기한다. 한 예로, 어떤 학생이 "선생님 이리 좀 와봐요."라고 말하며 손가락을 까딱까딱한 적이 있었다. 평소였다면 당황스러운 마음에 화를 내며 이야기할까 봐 말을 삼키거나, 그대로 화를 내버렸을 것이다. 하지만 학생의 말을 들은 즉시 학생의 말과 행동에서 예의가 없다고 느껴진 부분과 그 말을 들은 나의 심정을 솔직하게 전달했다. 그 이후로 이 학생은 같은 행동을 반복하지 않았다.

셋째, 자신감 있는 말투와 표정을 연습했다. 나의 말투는 우물쭈물하며 자신감 없어 보이는 말투였다. 같은 말을 하더라도 어떤 말투는 학생들에게 신뢰감을 주지 못한다. 우물쭈물하는 말투에 높은 목소리 톤이 결합하는 것이 더 큰 문제였다. 그래서 일부러 목소리 톤을 조금 낮추고 적당한 속도로 말하려고 노력했다. 일부러 화난 표정을 짓거나 얼굴을 굳힐 필요까지는 없다. 하지만 자신감 있어 보이는 표정은 교사의 지도에 대한 학생의 신뢰감을 더해준다.

넷째, 다른 사람에게 권위를 넘기는 말을 하지 않는다. '너 자꾸 그렇게 하면 부모님께 말씀드린다', '너 자꾸 그렇게 행동하면 교장실에 간다', '너 자꾸 그렇게 하면 생활부장 선생님께 상담 보낸다' 등의 말을 하지 않는다. 이런 말은 교사가 이 문제를 해결할 힘이 없다는 뜻을 내포하고 있어 학생들 앞에서 교사의 권위를 낮추게 된다.

다섯째, 문제 행동 지도는 일대일로 한다. 문제 행동을 하는 학생을 교실 밖으로 데리고 나오거나 종례 후 남겨서 일대일 남겨서 지도한다. 친구들 앞에서 혼나는 경험은 아이들에게 수치심을 준다. 오히려 선생님의 지도에 반항하거나 더 나아가 교사와 학생의 갈등으로까지 커질 수 있다. 심각한 일로 상담해야 할 때도 교사 한 명 대 학생 여러 명보다는 연구실이나 빈 교실에 한 명씩 따로 불러 이야기하는 것이 좋다.

<u>**단호한 교사가 되는 비언어적 방법**</u>

첫째, 학생의 눈을 제대로 응시한다. 문제 행동을 하고 있는 학생일수록 피하지 않고 제대로 응시한다. 가만히 보고만 있어도 혼내기 전에 문제 상황이 해결되는 경우가 많았다. 표정에 변화가 있으면 안 되고 일관된 표정과 자세로 보는 것이 중요하다.

둘째, 조용히 기다린다. 특히 어떤 말을 해야 할지 모른다면 더더욱 조용히 기다린다. 교실이 소란스러울 때면 교실 중앙에 서서 학생들을 가만히 바라보고 어떤 행동도 하지 않고 기다렸다. 수업 시간 중 교사가 큰 소리로 혼내는 것보다 말과 행동을 갑자기 멈추고 조용하게 침묵하며 기다리는 것이 학생들의 행동을 변화시키는데 더 효과적이었다.

셋째, 자신감 있는 자세로 행동한다. 나는 긴장하면 손가락 끝을 계속해서 만지작거리는 습관이 있었다. 이 습관이 학생들 앞에서 나오면 교사의 긴장과 불안이 학생들에게 그대로 전달된다. 이런 사소한 습관이 있다면 고치려고 노력하는 것이 좋다.

넷째, 문제 행동에 대해 지도할 때만큼은 웃지 않는다. 처음 발령받았을 때는 누군가를 혼내는 내 모습이 어색해서 나도 모르게 웃으며 지도를 한 적이 있었다. 교사의 말의 내용과 태도가 일치하지 않으니, 아이들은 교사의 의도를 정확하게 파악하지 못하고 교사의 지도를 가볍게 생각하는 경우가 많았다. 그러다 보니 혼을 내는 상황에서도 장난스러운 분위기가 만들어져 문제 행동 지도가 제대로 이루어지지 않았다. 이런 문제가 발생하는 이유는 교사가 스스로의 태도에 자신감이 없기 때문일 가능성이 높다. 어떤 말이나 행동이든 자신 있게 하는 것이 매우 중요하다.

혼내는 걸 걱정하지 마세요

혼내는 것 자체가 두려운 선생님들이 있을 수 있다. 나 역시 아이들과의 기 싸움에서 지면 어떡하나, 아이들이 나를 싫어해서 오히려 관계가 틀어지면 어떡하나 하는 고민이 많았다. 하지만 아이들은 잘못된 것은 잘못되었다고 말할 수 있는 선생님을 원한다. 신규 교사 시절에는 혼내지 않는 선생님이라 학생들이 나를 좋아한다고 생각했지만, 그것은 자기 위안에 불과했다. 선생님은 아이들에게 악역을 자처해야 하는 상황에서 기꺼이 악역이 되어야 한다. 어른들도 우리가 사는 세상이 무법지대가 되는 것을 두려워하는 것처럼 학생들도 교실 속 통제가 실종되는 상황을 두려워한다. 교사가 학생들을 적절한 권위로 통제해야 학생들이 안전한 교실에서 안정감을 느낄 수 있다.

자신감을 가지세요

옆 반 선생님은 카리스마도 있고 학생들도 모범적인 학급 생활을 하는 것처럼 보이는데, 나는 카리스마도 없고 학생들을 제대로 지도하지 못한다는 생각에 옆 반 선생님과 나를 비교하며 깊은 좌절에 빠진 적이 있었다. 하지만 소위 말하는 '착한 선생님'만의 장점도 분명히 있다. 권위 있다는 것도 스펙트럼이 넓어서 어떤 교사는 엄하면서 권위가 있고 어떤 교사는 부드러우면서 권위가 있을 수 있다. 착한 선생님은 부드러움이 강점인 선생님인 것이다. 아이들이 더 편하게 다가올 수 있고 아이들과 더 쉽게 소통할 수 있다. 카리스마 있는 선생님이 가르쳐 줄 수 있는 것과는 다른 많은 것을 가르쳐줄 수 있다. 자신의 성격이 선생님이라는 직업과 어울리지 않는다고 생각하는 선생님이 계시다면 있는 그대로의 자신을 받아들이라고 말씀드리고 싶다. 어떤 선생님이든 아이들에게는 모두 좋은 선생님이다. 권위 있는 교사가 되려고 노력하기 전에 먼저 자기 자신을 있는 그대로 받아들이는 것에서부터 출발하자. 나 자신을 있는 그대로 받아들이면 자신감이 생긴다. 자신감으로부터 나오는 교사의 진정한 권위는 반짝이고 아름답다.

6장

학부모 상담이 어려운 초임 교사를 위한 데이터 기반 상담법

김승현

학부모 상담이란, 목적성을 가지고 교사와 학부모가 학생의 교육적 문제에 대하여 의논하는 모든 활동이라고 할 수 있다. 갈수록 학부모 상담이 어려워지고 있다는 이야기가 들린다. 여러가지 이유가 있겠지만 우선 1가구 1자녀가 보편적인 가정이 되면서 아이에 대한 학부모의 관심이 집중되고, 학부모가 교사에게 요구하는 정보의 질이 높아지고 있다는 것이 주요한 이유일 것이다.

교사의 첫인상을 만드는 결정적 시기: 3월

3월에 보이는 선생님의 모습이 1년 동안의 인상을 결정한다. 건강한 선생님이라 할지라도 3월에 아파서 병가를 냈다면 학부모들은 '우리 선생님은 어디가 아픈 선생님'이라고 생각할 수 있다. 3월은 교사의 이미지가 확대 해석되기 쉬운 시기이다. 반대로 말하면, 교사가 능동적으로 이미지를 만들 수도 있다는 뜻이기도 하다. 그렇다면 교사는 3월에 어떤 이미지를 전달해야 할까? 매년 아이들에게 어떤 선생님을 원하는지 물어보면 '친절한 선생님'이 항상 1위에 꼽힌다.

친절하다는 것은 구체적으로 무엇을 의미할까? 이것을 상담 환경으로 옮겨보면, 상담자가 친절하다는 것은 '경청하는 태도'를 지녔다는 것으로 볼 수 있다. 교사도 수업할 때 경청하는 학생을 좋아하는 것처럼 학생과 학부모 역시 경청하는 선생님을 좋아한다. 심리상담에서 내담자에 대한 지지와 공감이 중요한 것과 마찬가지로 학부모 상담에서 만들어야 하는 능동적 교사 이미지도 '경청하는 선생님'이어야 한다. 특별한 것이 아니다. 3월이라면 조금 더 듣고, 조금 더 수용하는 자세를 보여주면 된다. 첫인상을 잘 만들어 놓으면 중간에 선생님이 실수하더라도 '원래 이런 선생님이 아닌데 바쁘신가 보다.'라는 식으로 이해할 수 있을 것이다.

2022 카타르 월드컵 포르투갈전에서 황희찬 선수는 기적 같은 역전 골을 넣고 옷을 벗는 세레모니를 선보였다. 그때 사람들 눈에 띈 것은 황희찬 선수의 몸에 붙어 있는 기계 장치였다. 이 기계는 전자식 퍼포먼스 트래킹 시스템(EPTS)이라는 것으로 경기 내용을 실시간으로 측정한다. 선수의 움직임에 따라 활동량과 순간속도와 같은 데이터를 수집하여 중계 화면에 나타내기도 하고, 코칭 스태프는 데이터를 참고해 어느 시점에 선수의 체력이 소진될 지 예측할 수 있다. 2022 카타르 월드컵에서는 EPTS 뿐 아니라 반자동 오프사이드 판정 시스템이나 골라인 테크놀로지 같은 각종 신기술이 등장했다. 과거에는 감독의 '감'이 중요 기준이었다면 이제는 데이터에 의하여 기준이 정해진다.

날로 발전하는 세상에서 교사의 학급 운영과 상담 활동도 과학적 방법론에서 예외라고 할 수 없다. 앞서 언급했듯이 1가구 1자녀가 보편적인 문화로 바뀌면서 아이에 대한 관심이 많아지고 있고, 양질의 학부모 상담에 대한 요구가 커지고 있다. 따라서 교사가 질 높은 학부모 상담을 하기 위해서는 정보의 수집이 필요하다.

물론 학교에서 공통으로 수집하는 상담 기초 자료가 있다. 일반적으로 아동 명부 작성을 위한 연락처와 가족사항을 적는 란이 있고 '선생님께 부탁하실 말씀'을 쓰는 공란이 포함되어 있다. 하지만 담임 교사가 연간 학급 운영에 활용하기에 충분한 정보는 아니다. 때문에 담임 교사 나름대로 필요한 내용을 보충할 필요가 있다. 장래 희망, 고민, 교우 관계, 지난해 학급에서의 불편 사항을 별도로 조사해야 한다. 편의에 따라 학교 공통 설문 조사지 서식에 내용을 추가해 한 번에 상담기초자료를 수집하는 방법도 있다.

만약 학생이 직접 작성하는 상담 기초 자료라면 추가적인 학생 상담을 통해 내용을 확인한다. 학생들이 작성한 내용만으로는 정보가 불충분하기 때문이다. 왜 이렇게 썼는지 질문하면서 맥락을 검토하는 작업이 필요하다. 가령 교우관계에서 어떤 학생과 불편한 사이라고 하면 어느 정도 불편한지, 이유는 무엇인지 알아두어야 한다. 부정확한 정보는 정보가 아니다.

상담정보를 한 눈에: 종합 상담 자료 만들기

수집한 자료는 검토를 거쳐 한눈에 볼 수 있도록 가공해야 한다. 학부모 상담은 집중 상담 주간처럼 약속을 하고 진행되는 경우도 있지만, 불시에 오는 학부모의 연락으로 시작되는 경우가 많다. 따라서 종합 상담 자료라는 것을 만들어 둔다.

팀워크 교실을 위한 ?(물음표)

5학년 1반 (   )번 이름 (   )

◎ **나를 바라보기**

○ 커서 되고 싶은 직업은 무엇인가요? 그리고 꿈을 이루기 위해 노력하고 있는 일은 무엇인가요?

○ 요즘 고민이 되는 일이 있다면 무엇인가요?(가족, 친구, 공부, 외모, 폭력 등)

◎ **친구 바라보기**

○ 5학년 1반이 함께 된 친구 중 나랑 같은 모둠에 있었으면 하는 **동성친구 3명**을 쓰세요. (동성친구는 남학생에게는 남자사람 친구, 여학생에게는 여자사람인 친구를 뜻해요.)

○ 5학년 1반이 함께 된 친구 중 나랑 같은 모둠에 있지 않았으면 하는 **동성친구**와 이유를 쓰세요.(없으면 '없어요'라고 써주세요.)

◎ **수업 바라보기**

○ 내가 가장 좋아하는 과목과 이유

○ 내가 가장 싫어하는 과목과 이유

◎ 교실 바라보기
○ 5학년 1반이 되어서 하고 싶은 것과 하고 싶지 않은 것이 있다면, 이유와 함께 알려주세요.
 - 이런 건 꼭 해요.

 - 이런 건 안 하면 좋겠어요.

◎ 학교 밖 바라보기
○ 학교 수업이 끝나면 난 이렇게 지내요.

2시 ~ 5시	
5시 ~ 8시	
8시 ~ 잠자기 전까지	

◎ 선생님 바라보기
○ 여러분에게 어떻게 해주는 선생님이 좋아요?

○ 선생님이 하지 않았으면 하는 말이나 행동이 있나요? 그 이유는 무엇인가요?

◎ 자기 소개하기
○ 현재 같은 집에서 함께 살고 있는 가족이 어떻게 되나요?

* 또박또박 정성껏 쓰세요. 글씨가 예쁘지 않거나 성의 없이 쓴 설문지는 다시 써야 합니다.

학생 설문 조사지

나의 경우, 우선 아이들이 작성한 설문 조사지를 A4 클리어 파일에 학생별 자료로 넣어두고 엑셀에 설문 조사 내용을 간략하게 정리해 둔다. A행에 학생들의 명단을 작성하고 행을 계속 늘려 항목을 추가한다. 이렇게 하면 전화 상담 시 상담 자료를 한눈에 보기 편리하다. 진료실에서 의사가 환자의 차트를 전산으로 기록하고 보듯이 종합 상담 자료에 학부모, 학생 상담 기록도 입력 해 둔다. 특히 젊은 교사일수록 감에 의지하는 것보다는 데이터를 인용하는 상담이 필요하다. 한국 사회는 나이 서열 문화이면서, 전통적으로 자녀를 낳는 것을 미덕으로 여겨왔다. 때문에 학부모들은 젊은 선생님을 존중하기는 하지만 아이가 있는 경력 교사만큼 충분히 신뢰하지는 않는다. 따라서 설득력 있는 상담을 하기 위해서는 전문가다운 모습을 보여주어야 한다.

번호	이름	성별	장래 희망	고민	좋아하는 친구	어려운 친구	좋아하는 과목	싫어하는 과목	...
1	이성계	남	CEO	교우관계	몽주, 도전	최영	체육	수학	
2	정도전	남	공무원	없음	성계	몽주	사회	영어	
...									

학생 종합상담자료 예시

상담 주간이 폐지되는 지역도 생기고 있지만 여전히 연간 두 번의 상담 주간을 운영하는 지역도 있다. 교사들 사이 1학기 상담은 '듣는 상담으로 운영하라'는 격언이 있다. 학년 초에는 학생에 대한 정보가 적은데 교사가 주로 말하게 될 경우, 획득하는 정보의 양이 줄어들기 때문이다. 하지만 학년 초 대면 상담에서는 학생 지도 방향을 설정해야 하므로 서류를 통해 얻을 수 없는 정보를 수집하는 기회로 삼아야 한다.

학부모 상담은 표면적으로는 '학부모와 교사의 대화'라는 기호적 의미를 담고 있지만, 학부모들은 상담 때 육아에 대한 평가를 받는 기분이라고 토로한다. 그래서 상담 주간이 되면 학부모 커뮤니티에는 상담에 대한 불안감을 호소하는 부모님들의 질문이 많이 올라온다. 이런 이유로 학부모 상담 주간에 교사가 이야기를 꼭 나누고 싶은 학생의 학부모는 불참하고, 별 문제 없는 학생들의 부모님들이 상담을 신청하는 경우가 많다. 그래서 용기를 내어 상담을 신청한 학부모들이 상담이 끝난 뒤 찝찝한 기분을 느끼지 않도록 1학기 상담 주간은 부정적인 평가가 담긴 말을 하지 않도록 노력해야 한다.

이 과정에서 교사 역시 스트레스를 관리해야 한다. 집중 상담 주간이라고 해서 모든 학부모 상담을 그 주에 끝낼 필요는 없다. 집중 상담 주간이란 업무 추진을 위해서 학교에서 가이드라인을 정한 것일 뿐이다. 교사의 역량과 상담 신청 인원을 고려하여 교사 맞춤형 상담 주간을 운영해야 상담이 효과적으로 이루어질 수 있다. 아무리 열정적인 사람이라도 하루에 15분씩 학부모 6명과 상담을 진행하게 된다면 상담의 질이 떨어질 수밖에 없다. 여유가 부족한 선생님이라는 인상도 주게 된다. 학교마다 상황이 다르겠지만 상담의 질 향상을 위해서 상담 주간에 여유있게 상담할 수 있는 방안을 강구해 보자. 나의 경우 하루에 두 명 정도만 상담하고 상담 주간을 2주로 늘려 운영한다. 한 명 한 명 상담에 집중하기 위해서다.

상담 신청을 한 학부모의 자녀를 그날 수업에서 주의 깊게 관찰하고 수집한 정보에서 긍정적인 점 위주로 대화를 주고받으면 별도의 시나리오를 준비하지 않아도 학부모 상담이 원활하게 진행된다. 다만 꼭 전달해야 할 학생의 문제점이 있다면 장점과 장점 사이에 끼워넣는 샌드위치 방식으로 전달한다. 문제만 지적해서 비방하는 것처럼 들리지 않도록 학생의 장점을 처음과 끝에 배치하는 것이다.

학부모 상담 타임라인 시나리오

상담 당일 아침, 상담 일정을 체크하고 오늘 상담할 아이들을 유의 깊게 관찰한다. 주로 칭찬할 점 위주로 관찰한다. 가장 좋은 것은 아이의 부족한 점이 개선된 면모다. 예를 들면 승리욕이 강한 아이라면 '피구 시합 중에 공을 친구에게 양보했다'와 같은 내용이 가장 좋은 칭찬이자 격려가 될 수 있다.

상담 30분 전, 수요일 방과 후 1시 30분에 수업이 끝난다면 30분 정도 여유를 가지고 2시부터 학부모 상담을 시작하는 것으로 일정을 계획한다. 평소처럼 방과 후 일정을 진행하고 청소를 마친다. 자리 배치는 교사 좌석 맞은편에 책상과 의자를 둔다. 누가 봐도 여기는 학부모 상담 좌석임을 알 수 있게끔 둔다면 학부모가 헷갈릴 염려가 없다. PC나 태블릿에는 종합 상담 자료 파일을 열어두고, 기초 상담 자료 파일을 미리 꺼내어 둔다. 교사의 판단에 근거가 있음을 보여 주기 위한 것이다.

상담 5분 전, 연구실에서 따뜻한 차를 준비한다. 예일대학교 심리학과 존 바그[John Bargh] 교수가 연구한 결과 따뜻한 음료와 차가운 음료 중 따뜻한 음료를 든 사람들이 상대방을 훨씬 너그럽게 평가했다고 한다. 학부모들은 대부분 마시지 않을 것이다. 그래도 항상 따뜻한 차를 준비한다. 지난 학부모 상담 중 가장 좋았던 경험을 떠올리면서 시나리오를 생각해본다.

학부모 상담 시나리오

[인사말]

(상담의 효과 예고) "ooo 학부모이시죠? ooo을 위해 소중한 시간을 내어주셔서 감사합니다. ooo의 학교 생활에 보람된 시간이 될 것입니다."

[칭찬]

ooo가 오늘 친구들에게 준비물을 빌려주는 모습을 보여주었습니다. 배려심이 남달라 보였습니다.

[따뜻한 음료 제안하기]

따뜻한 차를 준비했습니다. 꼭 마시지 않으셔도 괜찮습니다.

[상담 주제 선정]

저희가 준비한 시간이 길지 않아서, 효율적인 상담을 위해 주제를 정하려고 합니다. 어떤 주제를 위주로 상담을 원하시나요? 보통 학부모들은 1. 학습 2. 교우관계 3. 생활 태도 사이에서 대화를 나누십니다. 가장 먼저 대화를 나누고 싶은 주제를 선정해 주세요. (30초~1분 정도 생각할 시간 드리기)

민원성 상담은 마법의 3단계로

온라인 민원 서비스를 이용하면 해당 기관의 답신은 늘 '귀하의 민원은 이러한 것으로 이해됩니다'라는 말을 서두에 붙여 발송된다. 서면으로 오가는 민원 서비스 특성상 민원 쟁점을 정확하게 짚기 위한 것이다. 민원 사항이 있는 학부모 상담에 이를 적용해 보자. 우선 재진술이다. 일종의 공감 기법으로 상대방의 감정을 누그러뜨리는 동시에 상담의 목적과 목표를 확인하기 위한 전략이다. 상대의 말을 공감하며 반복하면 거울 효과$^{Mirror\ Effect}$를 통해 라포르를 형성할 수 있다. 최대한 내가 상대방의 말을 이해하려고 애쓰고 있다는 뉘앙스가 중요하다.

이어서는 불만 사항에 대한 감정적인 위로가 필요하다. "어머님, 그게 아니라"보다 "어머님 마음이 이해됩니다"가 효과적이다. 그 다음에 해결 방안과 한계, 그리고 대책에 대해서 논의하도록 한다. 구체적인 상황에 따라 다양한 방법론이 있겠지만 민원성 상담에는 '재진술-위로-해결 방안' 마법의 3단계를 지키는 것으로 상담의 목적을 달성할 수 있다.

상담의 마법의 3단계

[재진술]
"이러저러한 뜻으로 이해하면 될까요?"

[위로]
"아 그러셨군요." "그럴 수도 있겠네요." "이런 일이 생겨 마음이 속상하시겠네요." "어머님 말씀이 이해됩니다." "이런 일이 생겨서 안타깝습니다."

[해결 방안, 한계 제시, 대책]
"말씀하신 내용은 이런 방법으로 접근해 보겠습니다."
"학교에서는 이런 대책을 마련해 보도록 하겠습니다."
(요구 사항을 수용하기 어려운 경우) "이런 문제를 제가 다 해결할 수 있으면 좋겠지만 교사로서 여기까지는 다루기가 어려운 점이 있습니다. 전문적인 해결 방안이 필요할 것 같습니다."

특별히 3월에는 민원성 상담을 조심하자. 교사 입장에서 작게는 교실이나 업무가 바뀌고, 크게는 학년이나 학교가 바뀌는 등 스트레스를 받으며 3월을 시작하는 경우가 많다. 때문에 민원성 상담에서 학부모의 감정이 전이되면 도리어 교사가 감정적으로 대처하기 쉽다는 점에 주의한다. 감정적으로 흥분한 상태에서는 좋은 결론을 내기 어렵다.

의외로 교사가 학부모를 만날 일은 드물다. 그래서 오해가 발생할 가능성도 크다. 학부모 상담에 공백이 생기면 학부모는 자녀의 일방적인 진술과 상상력으로 빈 곳을 채우기 때문에 눈덩이처럼 불어난 문제가 어느 날 눈앞에 다가와 있을 수 있다. 평소에 학급 플랫폼을 잘 관리해 두자. 민원성 상담을 예방하는 데 도움이 된다.

제4부

지치지 않는
교직 생활을 위한
습관

7장

'개복치 교사'의
롱런을 위한 마음 습관

백지완

남들보다 일찍 출근해서 별 보며 퇴근하던 날들이 있었다. 돌이켜 보면 스스로를 힘들게 했던 건 약해 빠진 체력이 아닌 마음이었다. 조용하고 차분한 옆 반과는 달리 항상 시끄럽고 정신없는 우리 반, 제때 처리하지 못해 늘 '죄송합니다'를 달고 임하는 업무, 하루가 멀다하고 싸우고 떼쓰는 아이들, 준비한 것에 비해 늘 뭔가 어설픈 내 수업. 도대체 어디서부터 문제인 건지 모르겠고, '아무래도 난 교사 자질이 없는 것 같아' 하며 움츠러드는 나날의 연속이었다. 옆 반 선생님은 "괜찮아. 거참, 그럴 수도 있지" 하며 쿨하게 넘기라 조언했지만 글쎄, 그건 정말이지 내게 불가능한 일이었다.

어느 날인가 잠들기 전 휴대폰을 들여다보는데 친구가 이것 좀 보라며 이미지 하나를 보냈다. '유리멘탈 물고기 개복치의 사

망 원인' 이게 뭐지? 호기심으로 읽어나가다 문득 누군가가 겹쳐 보였다. '뭐야, 이거 완전 나잖아?'

교실에서 일어나는 사소한 일에도 '죽겠다!' 비명 지르며 쉽게 예민해지는 나. '내일은 또 무슨 사고가 터질까' 잠 못 이루며 늘 두렵고 불안한 마음으로 출근하는 나. 그랬다. 난 소심한 '유리 멘탈 개복치 교사'였던 것이다!

웃긴거 모음
8월 20일 오후 2:00

유리멘탈 물고기 개복치의 사망원인

01. 아침햇살이 강렬해서 사망
02. 바닷속 공기방울이 눈에 들어가 스트레스로 사망
03. 바닷속 염분이 피부에 스며들어 쇼크로 사망
04. 바다거북과 부딪힐 것을 예감하고 스트레스로 사망
05. 근처에 있던 동료가 사망한 것에 쇼크 받아 사망
06. 동료가 사망한 장면을 목격한 스트레스로 사망
07. 피부의 기생충을 떨구려고 점프했다가 수면에 부딪혀 사망

　개복치 성향에게서 주로 볼 수 있는 특징에는 어떤 것이 있을
까? 아마도 예민함, 타인의 시선에 민감함, 스트레스에 취약, 완
벽주의(거나 완벽지향), 섬세함, 비교와 의미 부여 잘함 등이 있을
것이다. 이들은 자신의 분야에서 꼼꼼하고 성실한 일 처리로 높
은 성취를 보이기도 하지만, 그만큼 높은 부담감과 압박에 휩쓸
려 심리적 어려움을 호소하기도 한다. 나는 이러한 기질로 인해
새내기 교사 시절 특히나 혹독한 성장통을 겪었다. 그 무렵 주로
빠졌던 생각들은 다음과 같은데, 지금부터 아래 체크 리스트를
읽으며 혹시 자신에게도 해당하는 내용이 있는지 한번 살펴보자.

- 교재 연구를 아무리 열심히 해도 수업이 만족스럽지 않다
- 똑같은 수업을 해도 옆 반은 즐겁고 성공적인데 내 수업은
그렇지 않아 보인다
- 학생의 사소한 말이나 표정, 특정 행동 때문에 자주 상처받
는다
- 우리 반 아이들이 옆 반 선생님과 나를 비교할지 모른다고
생각한 적이 있다
- 나 때문에 올해 우리 반 아이들이 손해를 보는 건 아닌지

걱정스럽다

• 난 교사 자질이 별로 없는 것 같다

혹시 '누가 내 얘길 여기 써놨지?'라고 생각했는가? 위의 항목 중 절반 이상에 고개를 끄덕였는가? 그렇다면 축하한다. 당신은 개복치 교사 자질이 충분하다.

놀라운 건 세상엔 생각보다 개복치 교사가 많다는 거다. 나와 같이 개복치 성향을 가지고 있는 신규 선생님 또는 한때 개복치 시기를 겪었던 선배 선생님들을 주변에서 종종 발견한다. 겉으론 아무렇지 않아 보이고, 교실에서 어렵고 힘든 일이 생겨도 거뜬히 넘기는 듯한 선생님들 역시 저마다의 고민과 스트레스로 속앓이하던 때가 있었다는 것이 신기했다. 그들은 어떻게 타고난 기질을 극복하게 되었을까? 도대체 무슨 일이 있었길래 예민보스 개복치로부터 탈출할 수 있었을까? 절박한 심정으로 교육 서적과 심리학책을 찾아 읽고 여러 선생님과 토론하며 유리멘탈 해방에 도움이 되는 몇 가지 방법을 터득했다. 그렇게 터득한 것들을 나와 같은 고민을 하며 밤을 지새우고 있을 또 다른 개복치 선생님을 위해 조심스레 나누고자 한다.

'존재로서의 나' 마음 읽어주기

십수 년간의 일률적인 학창 시절, 바쁘디 바쁜 대학 생활, 외롭고 힘든 임용고시 기간을 거쳐 교사가 된 우리. 자신에 대해 돌아볼 기회는 부족했고, 때문에 스스로에 대해 잘 모르고 있는 경우가 많다. 가슴에 손을 얹고 생각해 보자. 교사라는 이유만으로 자신의 감정을 억눌렀던 경험이 혹시 있는가? 화가 나고 속상해서 울고 싶었지만 '나는 선생님이니까' 하고 참으며 '내면 아이'를 외면하진 않았는가?

개복치 성향이 있는 이들의 큰 장점 중 하나는 감정이 풍부하고 공감 능력이 뛰어나다는 것이다. 이를 타인이나 우리 반 아이들에게만 활용할 게 아니라 스스로에게도 적용해 보면 어떨까? '수업이 원하는 대로 풀리지 않아서 내가 속상하구나'라든가 '오늘따라 아이들이 잘 따르지 않는 것 같고 어수선해서 화난 감정이 드는구나' 정도만이라도 좋다. 교사라는 외투 속에 숨어 있는 '존재로서의 나'를 마주하자.

> **마음 습관 체크포인트** **나는 어떤 성향의 교사인가요?**
>
> → 교실에서 주로 어떤 상황에서 스트레스를 받나요? 그때 어떤 감정을 느끼나요?

→ 그 상황에 처한 나의 마음을 읽어주는 문장을 써 보세요. 그리고 마음속으로 읽어 봅시다.

공감에도 거리 두기가 필요하다

앞서 언급했듯 개복치 교사의 특징 중 하나는 타인의 감정에 민감하게 반응한다는 점이다. 깊은 감정 이입을 통해 상대의 마음을 읽어줄 수 있다는 건 교사로서 정말 큰 장점이다. 하지만 한편으로는 '독이 든 성배'가 될 수도 있다. 교실에서 여러 아이들의 크고 작은 감정 하나하나에 공감해 주다 보면 쉽게 지치고 소진되기 일쑤다. 때론 '내가 감정 쓰레기통인가?' 싶은 순간들도 분명 찾아온다. 아이의 감정, 특히나 부정적인 감정에 일일이 이입하여 동요되어 버리는 것은 다소 위험하다. 기억하자. 공감에도 거리 두기가 필요하다.

예컨대 이런 상황이 있다고 가정해보자.

어느 수업 시간, 교사가 이번 시간 활동 내용을 설명한다. 학생들이 곧 활동을 시작하고 잠시 후 모두가 집중한다. 교사는 준비한 대로 수업이 잘 진행되는 것 같아 내심 뿌듯하다. 순회 지도를 하는데 어찌 된 일인지 한 아이가 아무것도 하고 있지 않다. 교사가 묻는다. "왜 안 하고 있니? 함께 해보자." 이에 답하는 아이의 말.

"아씨… 귀찮은데…"

이와 같은 상황에서 어떻게 반응하겠는가? 개복치 교사라면 아마도 적잖은 타격을 받을 것이다. 아이의 말이 곧 교사를 향한 비난 또는 반항처럼 들리기 때문이다. 이때 필요한 적절한 감정 거리 두기 단계는 다음과 같다.

스텝 1, 겉으로 드러난 아이의 행동 이면에 있는 욕구를 파악한다. 위의 상황에서 아이의 말에 감정적으로 대응하는 건 좋지 않다. "뭐? 지금 그게 무슨 말이니?" 하고 서운함을 느끼거나 교사에 대한 공격으로 받아들여서는 안 된다. 그 말 이면에 존재하는 숨겨진 욕구를 파악하는 것이 먼저다. 우선 '왜'라는 질문을 던져 보자. 다양한 이유가 있을 수 있다. 지금 공부하는 내용이 이해가 안 가서 흥미가 느껴지지 않는다, 아침에 부모님께 혼나고 왔다, 몸이 좋지 않다, 또는 특별한 이유 없이 그저 지금 당장은 아무것도 하고 싶지 않다 등. '이 학생은 왜 활동이 하기 싫을까?'라는 질문을 함으로써 상황과 감정을 별개의 것으로 구분해본다.

스텝 2, 교사가 해줄 수 있는 것과 해줄 수 없는 것을 구별한다. 아이의 숨겨진 욕구를 파악했다면, 교사로서 해줄 수 있는 것과 없는 것을 나눌 차례다. 예를 들어 반에 따돌림을 당하는 아이가 있다면 어떻게 하겠는가? 함께 마음 아파하고 눈물 흘리며 쉬는 시간이든 점심 시간이든 매일같이 놀아주는 게 맞는 걸까? 반에서 일어나는 모든 사건과 학생의 문제 행동을 교사가 전적으로 책임질 수는 없다. 어느 정도의 선까지는 돕고 조언하되, 다음 스텝은 아이의 몫으로 남겨두어야 한다. 교사는 절대신, 만능이 아니다. 어깨에 진 짐을 내려놓자.

스텝 3, 아이의 성장통에 지나치게 애끓지 않는다. 아이의 성장통에 지나치게 애끓지 않아야 한다는 내용의 글을 읽고 크게 공감했던 적이 있다. 실로 아이들에겐 저마다의 질풍노도가 있다. 이 시기는 자기 안에서 무언가 정립되지 않아 혼란스럽기에, 그 혼돈을 충분히 겪어야만 지나간다. 타인의 감정에 민감한 개복치 교사라면 가능한 힘껏 돕고 싶고 어떻게든 함께 그 고통을 통감하고 싶을 것이다. 그러나 사람마다 에너지 총량은 한정되어 있다. 지치지 않고 1년 동안 전체 아이들을 이끌고 가려면 학생들에게 공감하는 것에도 조절이 필요하다. 가끔은 그저 '너는 지금 흔들리고 싶구나. 그래 흔들리도록 내버려 두마.' 하며 기다려도 괜찮다. 똑같은 온도로 애끓지 않는다고 해서 결코 방임이 아니다. 아이와 교사 자신 모두를 지키고 존중하는 지혜로운 방법이다.

_{마음 습관 체크포인트} **공감의 거리두기가 필요한 아이가 있나요?**

→ 유독 나를 힘들게 하는 아이가 있나요? 그 아이의 숨겨진 욕구는 무엇인가요?

→ 교사로서 내가 해줄 수 있는 것과 해줄 수 없는 것을 구분해봅시다. 교사가 해줄 수 있는 것을 제외하고, 아이가 해내야 할 몫은 무엇인지 찾아 약속을 정해 보세요.

성공이 아닌 '성장'에 초점을 둔다

"아 오늘 수업도 망했어." 초임 시절, 입버릇처럼 내뱉던 말이다. 딩댕딩- 끝마침을 알리는 수업 종이 울리면 늘상 시무룩한 표정으로 교과서를 덮었다. 매일 늦게까지 남아 열심히 교재 연구를 하는데도 왜 수업이 맘에 차지 않는 건지. '오~ 오늘은 좀 성공적인데?' 하는 날은 정말이지 손에 꼽을 정도였다. 똑같은 차시여도 옆 반 수업은 늘 웃음꽃이 가득하고 성공적인 것 같은데 우리 반만 왜 이런 건지. 혹여나 애들이 옆 반 선생님과 나를 비교하진 않을까 불안했고, 우리 반 아이들에게 항상 미안한 마음뿐이었다.

역시나 참담한 표정으로 '망했어요'를 외치는 내게 어느 날 옆 반 선생님이 말했다. "망한 수업이 뭔데? 자기만의 기준이 너무 높은 거 아니야?" 듣고 보니 의문이 생겼다. '그러네. 망한 수업이 뭐지? 수업에 실패와 성공이 있나?' 문득, 수업의 성패에 정신을 빼앗겨 정작 수업의 본질을 놓치고 있다는 생각이 들었다. 바로 '성장' 말이다.

스텝 1, 단발성 성공보다는 장기간의 성장 목표에 집중한다.
수업을 '성공 또는 실패'로 분류하는 기준은 상당히 모호하다. 우선 성공한 수업이란 뭘까? 아이들이 시험을 백 점 맞는 수업? 한 시간 재밌게 보낸 수업? 활동 1, 2, 3을 시간 안에 해치우고 차시 예고까지 야무지게 안내한 수업? 실패한 수업은 반대 모습을 떠올리면 되는 걸까? 성공이나 실패에 매몰되다가는 본질을 잃기 쉽다. 수업의 본질이란 '배움과 성장'이다. 해당 수업에서 아이들은 무엇을 배웠는지, 올해 아이들은 어떤 모습으로 성장할 것인지에 초점을 둬야 한다.

스스로가 보기에 아무리 엉망진창인 수업일지라도 아이들은 무언가를 배운다. 혼자 엉뚱한 행동을 하는 아이라 해도 해당 수업에서 한 가지만 건져갈 수 있다면 배움이 일어났다고 볼 수 있다. 수업 하나하나의 성공 여부에 일희일비하다 보면 아이들도 교사도 과부하에 걸리기 쉽다. 한 학기 또는 1년 동안 생활면이나 교과면 등 다양한 영역에서 아이들이 무엇을 얻었으면 좋겠는지, 그리고 어떻게 성장하면 좋겠는지 큰 그림을 그려보자. 그리고 이를 달성하기 위해 교사로서 어떤 수업과 활동을 제시할지를 구상하자.

스텝 2, 성찰 일지: 아이들은 여기서 무엇을 배웠나, 교사인 나는 무엇을 배웠나. 성장 목표를 구상하면서 너무 막연하다는 느낌이 든다면 성찰 일지를 쓰는 것이 도움이 된다. 성찰 일지의 초점 역시 성공이 아닌 성장에 있다. 오늘 수업에서 무엇을 잘했고 못 했는지를 따져보는 것도 필요할 테지만, 그보다는 '어떤 성장이 일어났는가'에 주목하는 것이 효과적이다.

특히 아이들뿐만 아니라 교사인 나에게 어떤 성장이 있었는지 반추해 본다. 예컨대 의도대로 잘 풀리지 않은 수업이 있었다면 성찰 일지를 통해 'A 활동을 하기 전에 충분한 브레인스토밍,

생각 나누는 시간이 있었다면 더 활동이 원활했을 것이라는 걸 배웠다'와 같이 서술한다. 그렇다면 다음에 비슷한 수업을 진행할 때 힌트를 얻을 수 있을 것이다. 짧아도 좋다. 여기서 포인트는 수업이 마음에 들든 그렇지 않든, 성장한 부분에 중점을 두며 서술하는 것이다. 이러한 방식으로 성찰 일지를 작성하다 보면 보다 긍정적이고 건설적인 관점으로 학급을 경영할 수 있는 안목이 생긴다.

스텝 3, 내가 해줄 수 없는 부분도 있음을 인정한다(내년의 선생님을 믿어본다). 차분한 성향의 교사라면 그 교실의 아이들은 다소간 점잖아지기 마련이다. 하이텐션의 교사라면 교실 분위기는 방방 뜨게 된다. 그럴 때 '우리 반 아이들은 내 수업이 재미없나?' 혹은 '왜 우리 반은 산만하지?' 하며 자신이 주지 못하는 것들이 아쉬워지기 마련이다. 나의 경우는 체육을 잘하지 못해서 체육 수업에선 늘 아이들에게 미안한 마음을 갖고 있었다. 또 카리스마 있는 성격이 아니어서 무섭고 통솔력 있게 학급을 경영하는 옆반 선생님을 보면 부러운 마음이 앞섰고, '올해 아이들이 나 때문에 각 잡힌 생활 습관을 갖지 못하면 어쩌나' 하고 고민이 될 때가 많았다.

위안이 되었던 말은 '아이들도 다양한 선생님을 경험할 권리가 있다'는 거였다. 불행인지 다행인지 나는 이 반의 '1년짜리' 담임이다. 아이들이 1년 동안 나를 통해 성장할 수 있는 부분은 더 성장할 것이고, 내가 미처 채워주지 못한 부분은 내년 담임 선생님이 도와줄 것이라는 믿음은 정말이지 엄청난 위로다. 그러니 교사로서 자신이 적절히 지원하지 못하는 영역이 있어 염려가 된다면 명심하자. 우리는 교사단(敎師團)이다. 내년 선생님을 믿어봐도 괜찮다.

마음 습관 체크포인트 **선생님의 올해 성장 목표를 적어 보세요.**

→ 교사인 나 스스로 어떤 '성장'을 이루길 원하나요? (교사 성장 목표)

→ 우리 반 학생들은 어떤 모습으로 '성장'하길 원하나요? (학급 성장 목표)

온앤오프를 잘하는 교사가 롱런한다

Q. 다음 중 개복치 교사가 퇴근 후 해야 할 일로 알맞은 것을 고르시오.

A. 아… 오늘 해야 할 일을 다 못 했네. 집에 들고 가서 마저 해야겠다!

B. 에라이 다 모르겠고. 일단 퇴근이다!

이 질문에 B의 응답을 고르고 싶지만 그러지 못하는 선생님들이 많을 것이다. 그리고 이들 중 대다수는 '직장에서의 나'와 '퇴근 후 일상 속의 나'를 혼동하고 있을지도 모른다. 어떻게 아느냐고? 나 또한 그랬으니까! 남들 다 퇴근할 때 저 혼자 교실 불 켜

놓고 일하거나, 퇴근 후에도 학교 일을 집으로 가져와서 저녁도 제대로 먹지 않은 채 끙끙대고 있던 적이 한두 번이 아니다. '교실에서 싸운 애들 내일 어떻게 지도하지, 우리 반 금쪽이가 이제는 또 무슨 사고를 치려나' 이런 걱정을 하며 잠드는가? 그래서 이상하게도 분명 퇴근을 하긴 했는데 안 한 것 같은 찝찝한 기분에 사로잡히고 마는가? 단단하고 여유로운 교사로 롱런하고 싶다면 이젠 '온앤오프'를 잘 할 수 있어야 한다.

스텝 1, 일단 덮고 퇴근한다(머릿속 온/오프 버튼 작동시키기). 우선은 덮고 퇴근하는 것을 연습한다. 처음엔 '어떻게 일이 덜 끝났는데 퇴근을 해. 수업 준비도 덜 했다고…' 하는 생각이 앞설 수 있다. 최대한 주어진 시간 안에 압축적으로 일을 몰아서 하고, 우선은 퇴근 도장을 찍는 것을 목표로 해본다. 습관이란 근육과 비슷해서 연습하면 할수록 탄력이 붙는다. 힘들다면 30분 타이머를 맞춰놓고 '딱 이만큼만 일하고 무조건 퇴근하기'와 같이 시작해본다. 그러다가 차츰차츰 시간을 줄여나가는 거다. 내일 큰 일이 생기거나 하늘이 두 쪽 나지는 않는다면 일단 덮고 퇴근한다.

여기서 중요한 것은 퇴근하면서 머릿속에서 실제로 오프 버튼을 '딸깍' 하고 실감나게 누르는 상상을 하는 것이다. 구체적인 버튼 모양을 떠올리면 더 좋다. 오프 모드인 시간부터는 학교 생각은 더 이상 하지 않는다. 온 버튼은 출근해서 교실문에 들어서는 순간 끈다. 이렇게 학교 일과 내 삶을 분리하는 훈련을 해보도록 하자.

스텝 2, 퇴근 후 몰두할 수 있는 취미 마련하기. 물론 오프 버튼을 누른다고 해서 갑자기 학교 일을 생각하지 않게 되는 건 아니다. 업무상 대형 사고를 친 날이나, 교실에서 학생이 한바탕 속을 뒤집어놓은 날에는 더더욱 모드 전환이 잘 안된다. 그러므로 '나만의 장치'를 만들어두어야 한다. 자신의 불안과 무력감을 다스릴 수 있는 장치를. 즉 퇴근 후에 몰두할 수 있는 루틴을 마련해두는 것이다.

나의 경우는 글쓰기와 독서 모임이 그 장치들 중 하나다. 글쓰기나 독서는 둘 다 잡생각이 나지 않게 하는 활동이다. 따라서 오프 모드일 때 스스로의 감정을 가라앉히기에 아주 효과적이다. 이외에도 가벼운 운동이나 산책, 무언가를 배우거나 취미 활동을 갖는 것도 도움이 된다. '교사인 나' 이전에 '존재로서의 나'를 살게 만들어 주는 무언가를 찾아보자.

스텝 3, 좋은 교사 이전에 '행복한 나'가 되자. 결국 이 얘기를 하려고 여기까지 왔다. 교사가 행복해야 아이들도 행복하다. 아이들은 귀신같이 안다. 오늘 선생님이 기분이 좋은지 안좋은지, 컨디션이 괜찮은지 나쁜지, 몸이 아프진 않은지. 유독 체력이 쳐지는 날이면 아이들이 더 떠들고 산만해진다는 걸 경험한 적이 있을 것이다. 이럴 때 개복치 교사는 금방 움츠러들고 '혹시 내가 잘

못해서 그런가?' 하는 자책을 해버린다. 그러면 교사의 상태가 교실에 전이되고, 교실의 상태가 다시 교사에게 전이되는 악순환이 반복된다. 교실 안에서 좀 더 효과적이고 여유롭게 아이들을 지도하기 위해서는 스스로 컨디션을 잘 관리하는 것이 먼저다. 명심하자. 좋은 교사 이전에 '행복한 나'가 되는 것이 먼저다.

> ⬤ 마음 습관 체크포인트 **롱런하기 위한 선생님의 일상을 돌아보세요.**
>
> → 퇴근 후 선생님의 일상은 어떠한가요? 온오프 모드 전환이 잘 되고 있나요?
>
> → 무언가 몰두할 수 있는 취미가 있나요? 교사 이전에 '나'는 무엇을 할 때 행복한가요?

개복치 교사에게도 강점은 있다

나는 왜 이렇게 예민한 걸까? 왜 아이들의 작은 말이나 행동에도 상처받고 고민하는 거지? 고민이 깊어질수록 책이나 강의를 찾아보며 내 모습에 대해 성찰하고 돌아보는 시간이 많아졌다. 서툰 내 모습으로 인해 힘들었던 날도 있었지만 가끔은 스스로의 괜찮은 면을 발견하는 날들도 생겼다. 그러면서 깨달았다. 단점이라고 여겼던 특징들이 교실 속에서 오히려 강점으로 작용하기도 한다는 것을.

강점 1, 섬세한 공감 능력. 교실 급식을 실시하는 학교에서 근무할 때의 일이다. 그날도 정신없이 밥, 국, 반찬 배식을 마치고 이제 막 자리에 앉아 코 박고 한 술 뜨려고 하는 그 때, 들리는 외마디 비명. "선생님! ○○이가 국통 쏟았어요!" 믿기지 않는, 믿고 싶지 않은 그 말에 고개를 들어보니 엎질러진 국통과 국물, 건더기가 바닥을 뒤덮고 있었다. '그러게 선생님이 조심하라고 했잖아!' 하고 샤우팅을 발사하려는 순간, 눈에 들어온 건 하얗게 질리다 못해 핏기 하나 없는 ○○이의 얼굴이었다. 그리고 아이의 눈동자 속 놀람, 당혹스러움, 부끄러움 등 수많은 감정을 보았다. 결국 이렇게 말할 수밖에 없었다. "○○아, 다친 데 없니? 많이 놀랐지? 얘들아 미안한데 우리 함께 치울까?" 그리고 그 해 종업식 날 ○○이의 학부모께 문자를 한 통 받았다.

"선생님만큼 아이들을 생각하고 사랑하시는 분은 처음이에요."

어라? 내가 특별히 무언가 잘 한 게 없는데 이런 문자를 받다니. 그 당시엔 의아하고 당황스러웠다. 그 후 이와 비슷한 문자들을 거의 매년 받게 되면서 깨달은 점은 나의 많은 부족한 점에도 불구하고 '아이들의 마음을 읽어주고 섬세하게 공감해주는 것'이 누군가에겐 큰 장점으로 비춰진다는 것이다.

과하면 독이 되지만 섬세한 공감 능력은 교사로서는 큰 재능이다. '학생 A와 B가 다퉜는데 A는 이렇게 느끼고 B는 이런 마음이겠구나, 지금 하는 활동이 C에게는 조금 어렵고 불편해 보이네, 아이들 사이의 관계에서 D가 소외감을 느끼고 있군'과 같이 아이들의 사소한 감정을 알아채고 읽어줄 수 있기 때문이다. 그러므로 개복치 교사 특유의 섬세한 공감 능력을 마음껏 발휘하여 생활 지도와 학생 상담에 적극 활용해보자.

강점 2, 부지런한 성찰자. 스스로가 참 못나 보일 때가 많았다. 수업을 잘하는 것도 아니고, 학급 경영은 우왕좌왕하며, 일 처리도 늦고 서툴러 '나는 왜 이럴까' 자문하는 경우가 잦았다. 더나은 선생님, 발전하는 교사가 되고 싶었기에 남들보다 조금 더부지런히, 성실히 노력했다. 교육 서적을 뒤적이고 수시로 선배교사들의 교실을 들락날락거리며 자문을 구하거나 연수를 들으러 다녔다. '올해는 학급 특색으로 이런 걸 해볼까? 사회 이번 단원은 프로젝트 학습으로 진행할까? 옆 반 선생님께서 알려주신기법을 우리 반에 적용하려면 어떤 부분을 고려해야 하나?' 요리조리 고민하다보니 어느새 나만의 교육철학 비스무리한 것도 생겼다. 평소 좋아하는 글쓰기와 독서를 접목한 학급 경영을 해보기도 하고, 아이들이 자기 주도적으로 학습할 수 있게 하는 노하우도 생겼다. 이따금씩 반아이들이 "우리 반은 참 특별해! 우리반 선생님은 뭔가 달라!"라고 말하는 걸 듣는다. 그럴 때면 '그간내가 고군분투했던 시간들이 결코 헛되지는 않았구나'하고 짜릿

해진다.

타인과 스스로를 비교하는 습성 그리고 자기 반성적 사고, 이는 결코 나쁜 것만은 아니다. 잘만 활용한다면 충분히 도움이 된다. 타인에 비해 나의 부족한 점이 무엇인지 파악하고 이를 적극적으로 보완하며 자기자신을 분석한다면 나에게 꼭 맞는 학급 경영 방식을 완성할 수 있다. 정체되지 않고 계속해서 나아가고 성장하는 개복치 교사의 또 다른 이름은 그래서 '부지런한 성찰자'다.

강점 3, 차분함의 힘. 고백하건대, 가끔식 복도를 지나가다가 활기 넘치고 역동적으로 수업을 잘 하시는 선생님을 보면 솔직히 아직도 부럽다. 교사의 재치있는 말에 아이들이 빵빵 터지며 고래고래 외치는 수업 광경을 보면 습관처럼 내 수업과 비교하게 된다. 나로 인해 우리 반이 축 가라앉게 되는 건 아닌가 걱정하게 되는 것이다. 스스로를 내향적이고 소심한 성향이라고 생각한다면 이러한 생각을 한번쯤은 해보았을 법하다.

반마다 분위기는 제각각 다르고, 그에 따른 장단점도 분명 서로 다르다. 역동적인 수업이나 놀이 활동을 잘 이끄는 교사가 있는 반면, 고요하고 질서 있는 활동으로 짜임새 있는 수업에 강한 교사도 있다. 여기서 경계해야할 것은 차분함을 지루함으로 생각해선 안된다는 것이다. 침착한 분위기에서도 충분히 교사-학생, 학생-학생간의 교류는 일어난다. 아이들은 질서정연한 가운데 학습하는 기회를 얻게 될 것이고 오히려 그러한 분위기가 전략적으로 필요한 활동도 있다. 그러니 차분함은 오히려 개복치 교사에게 특화된 기술일지 모른다.

마음 습관 체크포인트 **선생님의 강점 포인트는 무엇인가요?**

→ 교사로서 약점이라고 생각하는 성격(예민함, 민감함 등) 중 강점이 되는 것을 찾아봅시다.

→ 그것을 교실 상황에 어떻게 적용할 수 있을까요? 선생님에겐 어떤 강점이 있나요?

오늘도 부지런히 살아남았습니다

2010년대 초반에 유행했던 <살아남아라 개복치!>라는 모바일 게임이 있다. 바닷속 개복치 캐릭터가 여러 모험 퀘스트를 깨며 먹이를 얻는 게임으로, 돌연사하지 않고 체중을 늘리도록 플레이하는 내용이다. 개복치의 특징답게 캐릭터는 여러 황당한 이유로 툭하면 죽어버린다. 이래서야 과연 게임 진행이 가능할까 의문이 들지만, 다행스럽게도 어떤 이유로 돌연사하면 다음번에는 그 원인으로는 다시 죽지 않는다. 즉 여러 번 죽고 모험을 거듭할수록 강해지고 생존확률이 높아진다는 것이다.

교실 안에서 살아남는 것도 꼭 그렇다. 이리 치이고 저리 치이며 하루하루 그저 버티는 것에 급급한 오늘이 쌓여간다. 작은 일에 크게 상처 입기도 하고 훌훌 털어버리지 못해 회복하는 데 여러 날이 걸리기도 한다. 교실 속 한 마리의 개복치로서 앞으로 남은 1년을 어떻게 살아남아야 하나 막막한 순간도 분명 존재할 테다. 하지만 이 과정이 오히려 스스로를 단단하게 만든다는 것을 기억하자. 게임 속 개복치 캐릭터처럼, 다양한 경험을 겪고 대처하는 과정을 통해 유연하고 강해지는 것이다. 그러니 매일의 어려움에 마냥 좌절할 필요는 없다. 오늘도 살아남느라 고생한 자기 자신을 조금 더 보듬어 주어도 괜찮다. 그저 '나이만 든 개복치'가 아니라 '더디지만 매일 조금씩 성장해 가는 개복치'가 되어 보자. 그렇게 반복적인 실패감에서 해방되어 굳건해지고, 점점 더 행복하게 여물어 가는 우리 개복치 교사들이 되면 좋겠다.

"우리 다 행복했으면 좋겠어. 쨍하고 햇볕 난 것처럼, 구겨진 것 하나 없이." ― 드라마 <나의 해방일지> 中

부록

신규 업무 마지노선
: 월별 이것만 챙기면 사고는 안 친다

신다희

책장을 넘기고 계실 선생님들께 한 가지 질문을 드릴게요. 지난 한 주간 업무와 관련해 동료 교사와 대화하며 가장 많이 한 말은 무엇인가요?

제가 감히 짐작해 보겠습니다. "죄송합니다"와 "아 정말요?(자매품: 아 진짜요?)"라고요! 존재조차도 몰랐던 어떤 일이 수면 위로 올라오고, 나를 제외한 다른 모든 이들은 일찌감치 해치웠음을 뒤늦게 알게 되면 이 두 문장이 자동응답기처럼 튀어나옵니다. "죄송합니다"는 '이런 당연한 걸 몰랐다니'라는 자책하는 마음에서 나오므로 학교의 흐름에 익숙해지기까지 아껴서는 안 될 말입니다. 반면에 "아 정말요?"는 '이런 게 있었다니'라는 당황 버튼이 눌러졌을 때 나오니 아낄수록 좋지요.

그래서 "아 정말요?" 순간과 멀어지기 위해 달마다 꼭 해야 할 담임 교사의 업무를 정리하고자 합니다. '분명히 내가 뭔가를 안 해서 놓치고 있는데 뭘 놓치고 있는지 모르겠고 왜인지 그걸 지금 해놓지 않으면 나중에 성가셔질 것 같은 불길한 예감'에 대한 대비책이라고나 할까요? 코로나19 백신을 맞기 전에 집에 타이레놀을 구비해놓았던 마음으로 글을 시작합니다. 새하얀 도화지처럼 막연하게만 느껴졌던 미래에 스케치가 한 겹 입혀지는 기분이 드실 거예요.

두근두근한 시작: 3월과 8월

방학 끝, 개학 시작입니다! 새 학기에 해야 하는 일은 크게 세 종류입니다.

첫째, 학생들의 학적 확인입니다. 특히 1학기에는 반 배정 명단을 보고 학부모 성명, 주소와 과거 학반, 동명이인 여부 등을 꼼꼼히 확인해 주세요. 2학기는 전입 전출 학생들과 학기 중에 이사한 아이들 중심으로만 점검하셔도 좋습니다. 시기를 놓친다면 우리 반 김민지와 옆 반 김민지의 학적이 뒤바뀌어 있었다는 충격적인 사실을 학기 말에 발견하게 될 수 있습니다. 나이스 담당 선생님의 한숨과 학년 부장 선생님의 안쓰러움인지 경멸인지 알 수 없는 눈빛, 이야기를 전해 들으신 교무부장님의 훑어보는 시선은

덤이랍니다.

둘째, 나이스 시간표 작업입니다. 기본 시간표, 학기별 시간표, 반별 시간표 등 행정 시스템의 시간표 탭에서 접근할 수 있는 내용은 모두 이 시기에 수정해 두세요. 이 역시 '바쁜데 나중에 해야지'라는 마음으로 미뤄두신다면 죽을 것 같이 아파서 병원에 누워계시는 어느 병가 날 오전, 선생님 반의 보결 처리 방향을 묻는 교무실 전화를 받으실 수 있습니다. 사실 이런 극단적인 상황을 가정하지 않더라도 학기 진도의 흐름을 계획하고 학사일정을 파악하기 위해서는 미리 시간표 작업을 완료해 두는 것을 추천해 드립니다.

마지막은 가장 중요한 '힘든 티 내기'입니다. 아련한 미소와 생기 없는 얼굴로 한다면 효과가 두 배이지만, 너무 자주 사용한다면 무능해 보일 수 있으니 주의! 우리는 동료와 업무공간을 공유하지 않기 때문에 티를 내지 않으면 나의 고통이 드러나지 않는답니다. 종종 마음 따뜻한 분들께서 교실을 들여다보며 안부를 묻곤 하시지만, 학기 초는 모두가 정신없이 바쁘기 때문에 동료의 친절에 기대어 나의 힘듦을 꺼내놓을 기회가 자주 오진 않습니다. 그렇지만 마음이 무거워지면 꼭 먼저 고민을 털어놓아 주세요. 설령 답을 얻지는 못하더라도 공감 받고 보듬어지며 마음이 가벼워지실 겁니다.

힘든 티를 내시는 동시에 모르는 것은 꼭 SOS 치셔야 합니다.

예컨대, 학년 부장님께서 회의 시간에 "□□을 ○○하는 것 다 하셨죠?"라고 하셨을 때, 분위기에 휩쓸려 고개를 끄덕이신다면 선생님은 계약서를 읽지 않고 서명을 하시는 셈이 되어버려 후에 잘 모르는 일을 책임져야 하게 된답니다. 발령 직후는 교직에서 무지를 내보여도 수치가 아닌 유일한 시기죠! 동료 선생님들이 내게 무언가를 안 알려 주신다고 불안해 하지 마시고 먼저 질문을 하세요. 사실 옆 반 선생님들은 내가 모른다는 사실 자체를 모르고 계시거든요. 그러므로 절대 질문을 주저하시면 안 됩니다.

정신없이 바쁜 봄과 가을: 4~5월과 9~10월

아이들 이름이 슬슬 입에 익어서 "하지 말라고 했지"가 잠꼬대로 튀어나오는 달입니다. 넘어야 할 큰 산이 몇 개 보입니다. 첫 번째는 상담, 두 번째는 장학과 수업, 세 번째는 평가입니다. 모두 교사의 양대 업무, 생활지도와 수업에 직결되어 있지요. 그 덕에 이 시기에는 싱그러운 봄꽃과 높은 가을 하늘과는 정반대로 시들시들해져 가는 선생님들을 목격할 수 있습니다.

첫째, 상담은 학부모 상담과 학생 상담으로 나눌 수 있습니다. 보통 학기가 한 달쯤 지나면 학부모 상담 이야기가 먼저 나옵니다. 일반적으로는 사나흘 동안 연속적으로 방과 후에 학부모와의 집중 상담을 진행합니다. 상담 시에는 말을 아끼는 것이 미덕이라고들 합니다. 정말 소수의 사례를 제외한다면 학부모야말로 그 누구보다 자기 자녀를 잘 알고, 직관적이든 어렴풋이든 상태를 인지하고 있습니다. 상담을 통해 교사가 아는 학생의 모습을 학부모에게 전달한다고 가정 교정이 완벽하게 이루어질 확률은 낮습니다. 따라서 학부모 상담은 부모의 교육관과 부모가 아는 자녀의 모습을 듣고, 교사가 학생 지도의 방향을 정립해 보는 시간이라고 할 수 있습니다. 따라서 1학기 상담 주간에는 맞장구와 공감을 통해 학부모들이 자녀에 대한 이야기를 많이 풀어놓도록 하는 것이 필요합니다. 2학기라면 좀 더 적극적인 해결책 제시와 가정에서의 지도 편달을 부탁하는 것이 좋겠네요. 그리고 상담을 마친 후에는 내용을 나이스 상담 탭의 누가기록에 기록해 두세요. 교직의 불문율인 '적자생존'. 기록하는 자가 살아남는다고들 하지요. 학부모 상담도 마찬가지입니다.

교사 파악이 끝난 후 슬슬 눈치를 보며 사고를 치기 시작한 학생들을 지도하며 상담한 경우도 마찬가지입니다. 역시 나이스 기록을 잊으면 안 됩니다! 이쪽은 생활기록부의 누가기록을 활용해 주세요. 수업 시간의 태도와 관련해서는 교과 누가기록을 활용하시면 좋습니다.

다음으로는 평가입니다. 평가 기준은 보통 신규가 모르게 어느새 세워져 있는 경우가 많습니다. 근래 교사별 평가를 권장하

는 분위기가 교육계에 널리 퍼져 있으나, 일반적으로는 학습 준
비물 구입의 편의성, 학년별 교육과정의 일관성, 학급별 격차 최
소화 등을 이유로 평가 영역과 기준은 학년에서 통일하여 수립하
곤 합니다. (하지만 우리 학교는 그렇지 않을 수도 있으니 꼭 선배
교사께 여쭤보세요.) 평가 시즌은 6월과 11월을 꼽곤 하지만 그
때는 평가를 입력하는 시기이니 평가 기준이 나이스에 잘 들어가
있는지는 이 시기에 한발 앞서 확인해 주셔야 합니다.

끝이 보이는 새로운 계절의 시작: 6월과 11월

방학이 한 달 남짓 남았습니다. 몸이 안 아픈 곳이 없지요. 머
리도 아프고 소화도 안 되고 허리도 아프면서 '이러다가 죽는 걸
까?'라는 생각이 드는 시기입니다. 하지만 걱정하지 마세요. 조금
만 더 버티면 그 어떤 병원 진료보다 효과적인 방학이 시작되니
까요! 기쁜 마음으로 홀가분하게 방학에 들어가기 위해서는 학기
초에 시스템에 입력한 평가 기준대로 실시한 **평가 결과**를 입력해
야 합니다. 더 늦어진다면 생활기록부 마감 시즌과 겹쳐 돌이킬
수 없는 초과근무의 길을 걷게 됩니다. 6월과 11월의 마지막 주를
개인적으로는 평가기록 마감의 내적 마지노선으로 잡고 있습니
다. 하는 김에 교과 학습 발달 상황(속칭 '쫑알이')도 절반 정도 입

력해 두시면 좋답니다. 학기 말 야근을 피하기 위해서요.

생기부 입력 시즌이 다가옴에 따라 **출결 점검**도 압박을 받습니다. 학생들의 교외 체험학습, 조퇴, 결석 등의 출결 사항이 잘 입력되어 있고 모든 서류가 빠짐없이 수합되어 있는지 재확인해 주세요. 보통의 학교에서는 나이스 담당 선생님들이 월마다 출결 마감 메시지를 전송하시니 그 시기에 맞는 업무를 처리해두시면 나중에 큰일은 나지 않습니다. 6월과 11월의 마지막 날, '출결 마감해 주세요'라는 쪽지를 받게 되면 이런 생각이 듭니다. '이제 이 학기도 끝인가?'

마무리 매듭을 지을 때: 7월과 12월

이제 정말 마지막이군요. 아이들을 올려보낼 마음의 준비와 함께 1년 동안의 기록도 마무리해야 할 때입니다. 바로 담임 업무의 꽃이자 알파이자 오메가인 **생활기록부**입니다. 생활기록부는 지역별로, 학교별로, 또 연도별로 작업 사항과 기준이 많이 다릅니다. 보통 학교 내 담당 선생님들이 두세 차례에 걸쳐 생활기록부 작성 요령을 연수로 알려주십니다. 그 사항들을 꼼꼼히 메모해 두었다가 모르는 것이 생길 때마다 신규의 특권 '정말 모르겠다는 표정으로 간곡하게 질문하기' 찬스를 사용하세요. 잘 아는 척 넘어가셨다간 종종 날아오는 '나이스 잠시 전년도로 돌리겠습니다' 메신저의 내년 주인공이 되실 수 있습니다.

이 시기에 처리해야 할 두 번째 업무는 2학기에만 있는 **진급 및 진학** 처리입니다. 12월 말에 학생들의 내년 학년반을 배정한 후 행정 시스템에 입력하는 진급처리와 조금 이른 11월 초부터 중학교 학군과 배정 사항을 신청서로 받는 중학 진학 업무는 보통 신규의 관할로 떨어지는 일이 적습니다. 보통 학년 부장님의 주도하에 일이 진행되기에 일단 마음의 준비만 해 두시는 것을 추천해 드립니다.

마지막은 행정 시스템과 관련이 있진 않지만, 처음 담임을 맡으신 누구에게나 필요하실 **이별의 준비**입니다. 교사는 지독한 짝사랑을 1년 동안 한다고들 하지요? 순애적 사랑, 애증, 아가페적 사랑… 다양한 사랑의 형태를 아이들에게 보여주고서 이제 품에서 떠나보낼 시기입니다. 아쉬움(혹은 두통)이 가득한 1년일지도 모르지만, 웃으며 이별하기 위해 마음을 다잡는 준비가 꼭 필요하답니다.

혼자서 서기에는 아무것도 모르는

머릿속 달력을 좀 뒤로 보내볼게요. 대학에 막 입학했을 시절,

새터(새내기 새로배움터)니, 신환회(신입생 환영회)니 하며 붓고 마시던 시절이요. 그 때 술자리에서는 술뿐만 아니라 강의나 교수진에 대한 정보 등 대학 생활에서 알아두면 좋을 조언들이 오갔습니다. 물론 굳이 그때 듣지 않아도 몇 달 지나면 자연스럽게 알게 될 수 있는 것들이었지만, 그래도 벌겋게 취기가 오른 얼굴로 문답하며 머릿속에 억지로 정보를 욱여넣으며 막연한 대학 생활에 대한 두려움이 조금이나마 사라지는 경험을 여러분도 해보셨을 거라고 생각합니다.

사실 우리 모두는 낯선 환경에 아무것도 모른 채로 던져진 경험이 매우 적습니다. 늘 앞에 길잡이가 있었죠. 기어 다니던 아기가 땅을 딛고 일어날 때, 처음 글자를 익힐 때, 벙벙하게 큰 교복을 입고 중학교 교실에 들어갈 때, 대학 입시를 준비할 때, 도서관에 틀어박혀 임용 공부를 할 때, 늘 앞에는 의존할 수 있는 어른이나 지도자(혹은 교수자)가 있었습니다. 하지만 담임 교사가 된다는 건 좀 다른 일이죠. 의지할 수 있는 상급자나 지도자가 없거든요. 동료 선생님들은 경력이 많지만 상급자가 아니죠. 부장님들은 상급자이지만 후배 교사보다는 당신 학급의 학생들을 지도하고 보호하는 역할이십니다. 그렇다고 교감 선생님과 교장 선생님께 여쭤보자니 늘 바쁜 저분들(특히 교감 선생님)께 미련한 질문을 던지기에 죄송하기 참 그지없곤 합니다. 사고방식은 여전히 학생인데 주어진 역할은 교사이고, 심지어 적게는 대여섯 명에서 많게는 서른 명의 학생들을 온전히 책임져야 하니 이 얼마나 큰 변화인가요?

풍문으로만 들었던 완전히 새로운 세계에 발을 들여놓으신 여러분을 환영합니다! 저도 겨우 네 번의 가을을 겪었을 뿐이지만, 어떤 일을 하지 않아서 무릎을 꿇고 석고대죄 하는 큰 사고는 없었습니다. 물론 조금 귀찮아지는 일이야 많았지만 그럴 때에는 '아직 나는 귀여운 신규다. 내가 너무 귀여운 탓이다'는 주문과 마법의 문장 "죄송합니다"를 염불처럼 외며 일을 수습했습니다. 큰 일처럼 느껴진 사건들도 모두 그걸로 마무리가 됩니다. 애초에 신규가 빼먹은 어떤 일 하나로 학교가 개벽하듯 뒤흔들린다면 그건 그 학교의 문제가 아닐까요? 아무튼, 저처럼 1년 열두 달의 플래너에 계획이 빼곡히 들어차 있지 않으면 초조한 마음에 잠을 설치는 분들의 막연한 불안감이 조금이나마 덜어졌기를 바랍니다.

학교 용어 대사전
: 암호 같은 학교 용어 풀이 해 드립니다

나자연

　도대체 무슨 말인지 모를 메시지만 쌓여 가는 메신저, 일단 "네"라고 대답은 했지만 8할은 알아듣지 못한 교무부장님의 말씀, 너무도 궁금했지만 아무도 알려 주지 않았던 바로 그 용어를 풀이해 드립니다. 신규 교사를 위한 학교 용어 대사전! 단, 학교 현장에서 실제로 쓰이는 용례를 기준으로 풀이하여 학술적 정의와는 다소 차이가 있을 수 있음을 미리 알려드립니다.

죄송한데, 자료 집계가 어디에 있나요? 나이스, K에듀파인 구별하기

　처음 발령을 받으면 가장 먼저 마주하게 되는 큰 허들 두 가지를 소개합니다. 바로 나이스와 K에듀파인이죠. 발령받기 전 연수를 통해 배우기는 하지만 막상 현장에서 사용하려고 하면 뭐가 뭔지 헷갈리기 때문에 기안을 하려고 해도, 복무를 올리려고 해도 이것저것 다 켜서 눌러 보게 됩니다. 이 두 가지 시스템을 구별하는 법을 간략하게 소개합니다.

먼저 나이스입니다. 나이스에서는 교원의 복무, 급여, 학생들의 생활 기록부를 주로 관리합니다. 교원 개인과 학생 생활에 관한 건 모두 나이스 시스템을 이용한다고 생각하면 편합니다. 특히 최근 4세대 지능형 나이스로 시스템이 개편되면서 여러 가지 변화가 생기기도 했습니다. 우리가 연가를 사용하거나 출장을 갈 때에는 나이스를 통해 복무 상황을 상신해야 해요. 또 학생들의 성적 처리, 주소 관리, 출결 관리, 생활 기록부 작성도 나이스 시스템을 통해서 합니다. 뿐만 아니라 교원들의 연수 관련 업무, 학생 상담 기록, 교원 능력 개발 평가 등도 모두 나이스 시스템에서 관리합니다. 나이스 시스템은 생각보다 메뉴가 많고 다양하기 때문에 학기 초에 모든 메뉴들을 한 번씩 눌러 보면서 뭐가 뭔지 살펴보는 것을 추천합니다. 장학, 스포츠 클럽, 보건 등의 메뉴도 학기에 한 번씩은 꼭 쓰게 되니까요. 최근 나이스 시스템이 개편되면서 담임 업무는 학급 담임 카테고리로 묶이고, 여러 메뉴가 있는 곳도 바뀌었습니다. 나이스 담당 선생님의 연수를 꼼꼼히 들으시면 도움이 될 거예요. 권한에 따라 보이는 메뉴가 다르기 때문에 혹시 내가 필요한 메뉴가 제대로 보이지 않는다면 나이스 업무 담당 선생님께 문의해 보세요.

경기도 교육청의 4세대 지능형 나이스 화면입니다(161쪽). 자잘하게 바뀐 부분이 많아 혼란스럽겠지만 미리 메뉴를 눌러 보면서 메뉴의 종류와 메뉴가 있는 곳을 숙지해 두시면 편해요.

다음은 K에듀파인입니다. K에듀파인은 학교 행정과 재정에 관한 업무를 처리하는 데 사용합니다. 우리가 학교에서 맡고 있는 업무에 관련한 공문을 접수하거나 기안을 상신할 때 필요한 시스템이에요. 이 시스템은 크게 업무 관리, 학교 회계 등으로 나누어져 있는데 업무와 관련한 것은 업무 관리 메뉴에서, 돈을 지출하거나 사업, 예산, 계약과 관련한 것은 학교 회계 메뉴에서 처리합니다.

K에듀파인의 업무 관리 메뉴입니다(162쪽). 맡고 있는 업무에 관한 사무는 이 메뉴들을 이용해서 해결합니다. 자료집계는 업무관리 메뉴의 맨 끝에 있어요.

K에듀파인의 학교 회계 메뉴입니다(163쪽). 돈, 예산과 관련한 업무는 모두 이 메뉴에서 해결합니다.

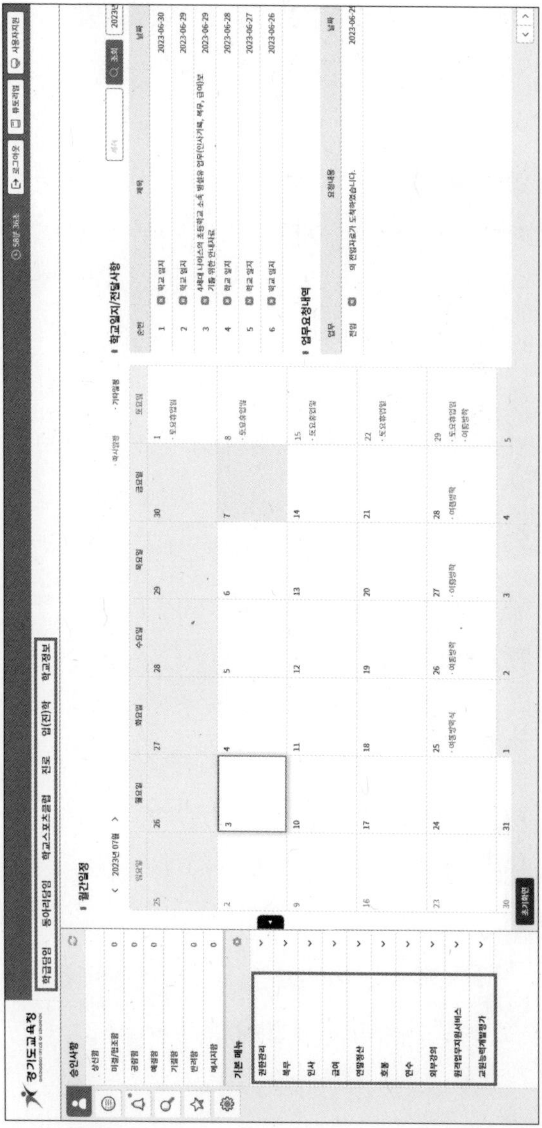

경기도 교육청의 4세대 지능형 나이스 화면

K에듀파인 첫 화면의 메뉴

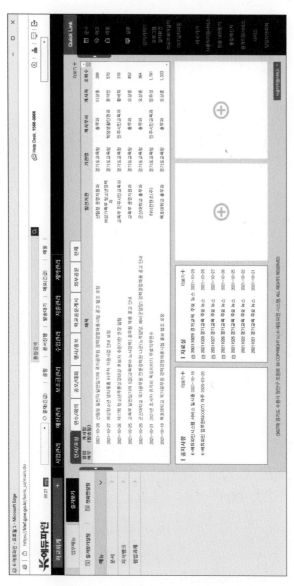

K에듀파인의 학교 회계 메뉴

우선 장학이 무엇인지 알아야 할 필요가 있어요. 교사가 되기 전에는 장학생, 장학금 등으로만 익숙한 단어이지만 학교 현장에서 우리가 듣게 되는 장학은 주로 수업 장학을 이야기합니다. 장학이란 교사의 행동 변화를 통해 학습을 개선시켜 학생들의 학습을 촉진하는 것을 뜻합니다. 장학은 주로 공개 수업을 통해 이루어지고, 지도안을 제출하기도 합니다. 장학 주체에 따라 동료 장학, 임상 장학, 자기 장학 등으로 나뉘고, 장학을 약식으로 실시한다는 뜻의 약식 장학도 있어요. 또 교원 능력 개발 평가나 정량 평가 등 교원 평가에도 활용됩니다.

동료 장학은 동료 교사들끼리 서로 장학을 하는 것을 의미합니다. 주로 학년별 혹은 학년군별 등으로 운영되며, 해당 학년 소속 선생님들과 교감, 교장님이 수업을 참관하십니다. 학교에서 진행되는 장학 중에서는 가장 비중 있게 다뤄지며, 보통은 공개 수업 전에 지도안을 제출하고, 해당 학년 소속 선생님들의 수업 공개가 모두 끝나면 함께 모여 수업 협의회도 합니다.

임상 장학은 주로 신규 교사를 대상으로 장학 담당자가 수업을 지도해 주는 것을 말합니다. 학교마다 다르지만 2~5년 차 신규 교사들을 대상으로 교감, 교장, 수석 교사 등이 수업을 보고 지도

해주는 형태가 가장 일반적입니다. 마지막으로 약식 장학은 교장, 교감 등이 짧은 시간 동안 순시나 수업 참관을 하는 것을 말합니다. 이때는 지도안도 약식으로 제출하는 경우가 많고, 장학 담당자도 수업 전체를 보기보다는 짧게 참관하는 경우가 대부분입니다.

정성 평가를 위한 자기 실적 평가서를 내일까지… 정량 평가, 정성 평가, 다면 평가가 뭐예요?

현재 교사들을 평가하기 위한 제도로 다면 평가라는 것을 활용하고 있습니다. 이 다면 평가 결과는 근무 성적 평정과 함께 승진에 일부 반영되고, 또 개인 성과급을 결정하는 데 활용됩니다. 다면 평가는 다면 평가 위원회에서 관리되고, 다면 평가 위원회의 위원장은 교감입니다. 이 다면 평가 안에는 정량 평가, 정성 평가, 근무 평정 등이 포함됩니다. 다면 평가 기간이 되면 다면 평가를 하기 전에 교감 선생님들이 이 제도에 대해서 연수를 해주시니 이때 잘 들으시면 다면 평가라는 것을 이해하는 데 도움이 될 거예요.

다면 평가에서 정량 평가와 정성 평가가 차지하는 비율은 다면 평가 관리 위원회에서 결정합니다. 학교마다 차이가 있기는 하지만 대체로 정량평가가 더 높은 비중으로 반영돼요. 정량 평가는 다면 평가 위원회에서 결정한 표를 근거로 매년 점수를 계산하여 증빙 자료와 함께 제출합니다. 정량 평가가 다면 평가에서 많은 비율을 차지하기 때문에 이 정량 평가로 성과급이 결정된다고 해도 과언이 아니죠. 해마다 다면 평가 위원들이 내년 학년도의 정량 평가 기준표를 개정하는 회의를 하는데, 이 회의는 살벌하고 잔혹하기로 아주 유명합니다. 어느 학년이 가장 힘드냐, 어떤 업무가 가장 힘드냐를 두고 서로 경쟁하기 때문에 상처 받는 사람들이 많이 생기기도 합니다.

정성 평가는 다면 평가자들이 평가를 하게 됩니다. 다면 평가자는 다면 평가 위원회에서 정한 방법을 통해 선발하는데, 선발된 평가자가 누구인지 알려주지 않도록 되어 있습니다. 이때 우리는 자기 실적 평가서를 양식에 맞게 써서 제출합니다. 내가 학급에서 어떤 일을 했는지, 업무적으로는 어떤 일을 했는지를 양식에 맞게 써서 내면 이것을 토대로 다면 평가자로 선정된 선생님이 동료 교사들을 평가하여 점수로 반영합니다. 단, 자기 실적 평가서를 작성할 때는 잠시 겸손함을 내려놓고 우리 반 아이들의 시험지를 채점할 때처럼 흐린 눈을 하면서 나의 우수함을 적극적으로 어필해야 해요!

마지막으로 근무 평정 점수는 주로 근평이라고 불리는데 정성 평가, 정량 평가에 교감, 교장님이 주시는 점수가 추가됩니다.

학기 초에 나이스 담당 선생님으로부터 꼭 받게 되는 메시지 단골 멘트죠. 기초 시간표와 반별 시간표. 일단 나이스 시스템에 접속은 해 보지만, 도대체 무슨 이야기인지 알 수가 없습니다. 친절한 옆 반 선생님께서 여기를 누르고, 이거 클릭한 다음에, 그리고 반영, 저장까지는 잘 설명해 주셨는데 다 잘 따라 하고 나서도 방금 내가 뭘 한 건지 이해가 되질 않죠. 그리고 직감합니다. 아, 나는 다음 학기에도 이걸 까먹을 것이다. 틀림없이 까먹을 것이다.

먼저 기초 시간표라는 걸 이해하면 이 문제는 생각보다 간단합니다. 나이스 담당 선생님이 우리 학교의 재량 휴업일, 행사 등을 미리 입력하고, 담임은 우리 반이 매주 반복하는 시간표의 토대가 되는 기초 시간표를 입력합니다. 이걸 전체 반영하면 매주 우리 반의 시간표가 채워짐과 동시에 학교의 행사, 재량 휴업일, 공휴일 등 미리 설정된 학교의 일정도 반영이 되는 것이죠.

그러나 초등학교의 경우에는 매주 시간표가 일정하지 않은 경우가 대부분이라, 반별 시간표 입력을 통해서 실제 시간표를 입력하고 시수도 맞춰야 합니다. 이때 꼭 시간표 위에 있는 표에 시수 편차가 0이 되도록 맞춰 주세요. 그래야만 우리 반이 정해진

경기도 교육청의 4세대 지능형 나이스 반별 시간표 관리 화면

학교 용어 대사전: 암호 같은 학교 용어 풀이 해 드립니다

교육과정에 맞게 국어, 수학, 사회 시간을 잘 이수한 것이 된답니다. 이 시간표를 잘못 입력하면 징계 등을 받을 수 있는 심각한 문제가 될 수 있습니다. 꼭 두 번, 세 번 확인하도록 합시다.

참고로 편차를 확인할 때는 주차를 학기의 맨 마지막 주로 돌려놓고 확인해야 합니다. 빨간 네모로 표시된 편차 부분이 모두 0으로 되어 있으면 미션 컴플리트!

생기부 반별 마감 부탁드립니다. 자동봉진, 행발, 누가 기록의 세계

학기 말이 되면 교사들을 가장 괴롭히는 바로 그것, 바로 학교 생활 기록부(줄여서 생기부)입니다. 이 문서는 법정 장부로 매번 담당 선생님들께서 연수도 해 주시고, 자잘하게 바뀌는 것도 많아 신규 교사가 아니더라도 늘 신경 써야 하는 아주 중요한 부분인데요. 신규 교사일 때는 생기부에서 쓰이는 용어와 나이스 시스템이 잘 이해되지 않아서 어려움을 겪게 됩니다. 대체로 연수물을 보면서 처음부터 차근차근 따라 가면 다 할 수 있는 일이지만, 그래도 우리는 여전히 궁금합니다. "○○ 선생, 교과 다 했어요?"에 뭐라고 대답해야 하는지.

생기부에서 가장 중요한 덩어리를 크게 네 가지로 나눈다면 출석, 창의적 체험 활동, 교과 성적, 행동발달이라고 할 수 있습니다. 주로 출석, 창체, 교과, 행발이라고 줄여 부르며 이 순서대로 생활기록부 작업을 하게 되는데요, 이 모든 작업을 하기 전에 바로 앞에서 알아 보았던 시간표 편차 맞추기! 이 작업이 꼭 선행되어야 합니다. 시간표 편차를 모두 맞췄다면 본격적으로 생기부 작업을 시작해 봅시다.

가장 먼저 출석은 평소 출석부 관리를 해 놓았다면 어려울 게 없습니다. 출석부 기재 요령에 맞게 특기 사항을 입력했는지, 필요한 서류가 있는지를 확인합니다. 두 번째로 창의적 체험 활동. 자율 활동, 동아리 활동, 봉사 활동, 진로 활동 각각의 누가 기록과 특기 사항을 입력해야 합니다. 세 번째는 교과 평가입니다. 과목별로 성적을 입력하고, 특기 사항도 입력해 줍니다. 교과 종알이, 평어라고 부르는 것은 이 교과평가의 특기 사항을 이야기합니다. 특기 사항을 입력하기 위해서는 과목별로 누가 기록이 필요하기도 해요. 이런 자세한 지침은 시도 교육청별로 조금씩 다르기 때문에 생기부 연수를 열심히 들으시면 도움이 됩니다.

마지막으로는 행동 발달 및 특기 사항, 바로 행발입니다. 이 행발은 생기부의 꽃인 만큼 지역별로 부르는 말도 조금씩 달라요. 행발, 종알이, 주저리 등으로 불리기도 합니다. 학생들도 학부모들도 가장 관심 있게 보시는 부분이기 때문에 누가 기록을 바탕으로 학생이 평소 생활하면서 보여 주었던 모습을 떠올리면서 최대한 긍정적으로 써주는 것이 좋습니다. 자기소개서를 쓴다고 생각하시고 단점도 장점으로 순화하고, 단점을 적을 때에는 앞으로의 발전 가능성을 꼭 같이 적어 주어야 합니다. 생활기록부는 아이들의 인생에 평생 남는 기록이기 때문에 책임감을 가지고 오타, 비문 등도 꼭 확인합니다.

덧붙여 능력자 선생님들께서 만들어 놓으신 행동 발달 및 종합의견 사이트나 엑셀 파일도 많으니 집단 지성을 적극 활용해 보세요! 인디스쿨에서 행발, 행발 도우미, 평가몬 등으로 검색하면 다양한 행동 발달 종합 의견 자동화 도구를 찾으실 수 있습니다.

자세한 생기부 작성에 관한 내용은 생활기록부 기재 요령이라는 책자 혹은 파일을 꼭 참고하세요. 생각보다 꽤 자세하게 나와 있어서 도움이 됩니다. 매년 개정되고 달라지는 부분이 있으니 매년 연수를 열심히 듣고, 책자도 새로운 개정판으로 구해서 참고하시는 것을 추천합니다. 또 인디스쿨에서 과목별 좋알이, 행발, 교과 평어 등으로 올라오는 글을 꼭 참고하세요. 잊지 마세요. 생기부 작업의 꽃말은 복붙입니다.

　교육공무원인 교사에게도 당연히 법으로 보장된 휴가가 있습니다. 연가, 병가, 공무상 병가, 특별 휴가 등 종류도 다양하죠. 일반적으로 휴가라고 지칭하는 연차휴가(연가)를 교사는 보통 방학 중에 사용하는 등 교사의 휴가는 다른 공무원들과 다르게 적용되는 부분이 있습니다. 그렇기 때문에 교사가 사용할 수 있는 휴가의 종류나 사용 방법에 대해서 잘 모르는 경우가 많습니다. 아무도 설명해 주지 않지만 우리의 소중한 권리인 휴가에 대해서 알아봅시다.

　먼저 연가는 경력에 따라 최소 11일부터 최대 21일까지로 정해져 있습니다. 중간 발령이 아니라면 신규 교사라도 최소 11일의 연가가 발생하고 연가일수 하루는 총 8시간으로 환산됩니다. 교사의 연가 사용은 수업 및 교육활동 등을 고려하여 특별한 사유가 없는 한 수업일을 제외하여 학교장이 승인하도록 되어 있기 때문에, 대부분의 교사는 연가를 수업 이후에 조퇴 등으로 사용하게 됩니다. 조퇴로 연가를 사용한다면 총 8시간의 조퇴가 연가일수 하루가 되는 거죠. 그 외 방학 중에도 여행을 간다면 41조 연수 대신 연가를 사용해야 합니다. 교사의 경우 연가 보상비 제도가 적용되지 않고 남은 연가를 저축할 수도 없습니다. 다만 혹시나 연가가 부족할 경우 다음 해의 연가를 미리 사용할 수도 있으

므로 교육부에서 나온 교원 휴가에 관한 예규를 읽어 보면 도움
이 될 거예요.

연가는 관리자의 승인이 필요하지만 병가는 다릅니다. 교사
가 질병이나 부상으로 직무를 수행할 수 없을 때 혹은 감염병에
걸렸을 때 병가를 사용하는데, 병가는 복무 대리 상신이나 사후
승인도 가능합니다. 일반 병가는 연 60일 이내로 사용할 수 있고,
6일 이상(병조퇴, 병지각 포함)일 경우에는 진단서를 첨부해야
합니다. 6일 미만일 경우에는 특별한 증빙이 필요 없죠. 병가에는
일반 병가 외에 공무상 병가도 있습니다. 공무상 병가는 공무원
연금법의 요양 승인 결정에 따른다고 되어 있는데, 주로 근무 중
에 당한 부상이나 공무상의 이유로 생긴 질병을 치료할 때 사용
합니다. 공무상 병가는 연간 180일을 사용할 수 있고 병가와 중복
사용도 가능합니다. 또 공무상 병가 혹은 병가 시에 급여도 100%
지급됩니다.

마지막으로 공가와 특별휴가입니다. 공가는 공적인 이유로
사용하는 휴가로 교사의 경우 주로 예비군 훈련, 건강 검진, 결핵
검사 등에 사용됩니다. 사유가 정해져 있는 휴가이므로 이 사유
에 해당 되는지 미리 알아 두어야합니다. 특별휴가는 크게 경조
사 휴가와 임신 출산 육아에 관한 휴가 등으로 이루어져 있습니
다. 경조사 휴가는 본인 또는 가족의 결혼, 출산, 입양, 사망 시에
해당되는 휴가로 일수가 정해져 있습니다. 임신 출산 육아에 관

한 휴가에는 출산 휴가, 난임치료 시술 휴가, 임신검진 휴가, 모성 보호 시간, 육아 시간 등이 포함됩니다. 또 여성 보건 휴가도 있는 데, 이 경우에는 무급으로 사용할 수 있습니다. 교사의 휴가에 관한 규정은 시도 교육청 별로 조금씩 다르기 때문에 시도 교육청 홈페이지에서 복무에 관한 내용을 찾아보시는 것이 가장 정확합니다.

누물보! 누구에게든 물어보세요

학교라는 조직에 처음 들어오면 생각보다 사람도 많고, 일도 많고, 너무 복잡하다는 생각이 듭니다. '모르는 게 너무 많은데 이런 것까지 물어봐야 하나?' 싶은 생각이 들 때, '대체 누구에게 물어봐야 하지?' 하는 바로 그 순간에 누구에게 물어보는 게 좋을지를 간략하게 소개해 보려고 해요.

먼저 업무에 관한 내용은 담당 부장님이 가장 정확하고 도움이 됩니다. 내 업무 담당 부장님이 안 계시거나 너무 바쁘시다? 그렇다면 학년 부장님, 교감 선생님, 담당 장학사님 등이 가장 훌륭한 대안이 될 수 있습니다. 그리고 요즘은 업무별로 오픈 카톡 방, 카페, 밴드 등이 운영되고 있는 경우가 많아요. 각 학교 업무 담당자들이 익명으로 모여 있는 채팅방에서 서로 묻고 답하며 정보를 얻기도 합니다. 이런 채팅방에 대한 정보를 알고 싶다면, 전임자 선생님께 묻거나 아무래도 인디스쿨에 질문하는 게 가장 빠르겠죠.

또 학교 생활을 하다 보면 '시계가 멈췄어요, 책상이 망가졌어요'처럼 시설물에 문제가 생길 때가 있습니다. 이럴 때는 행정실 실무사님께 문의하는 것이 가장 일반적입니다. 혹시 우리 학교가 BTL[14]이라면 소모품이 아닌 경우에 한하여 BTL 소장님께 연락을 하면 해결해 주시기도 합니다. 또 스테이플러, 포스트잇 등 기본적인 사무용품도 행정실에서 지원을 받을 수 있는 경우가 있으니 행정실을 가까이 해보세요.

생활기록부 작성, 학교폭력 처리 절차, 출결 처리 같은 어렵고 복잡한 내용들은 주로 책자로 안내되고 있습니다. 학기 초에 업무 담당 선생님께서 메시지로 책자를 알려 주시기도 하고, 교무실에 생활기록부 작성 요령 등의 안내서가 비치되어 있기도 해요. 혹은 교육청 홈페이지에 접속하면 자료실에서 대부분 안내 책자의 PDF 파일을 배포하고 있습니다. 이런 책자를 활용하면 부장님께 해야 할 질문 10개를 3개 정도로 줄일 수 있습니다. 특히 물어볼 사람이 없는 소규모 학교에서는 이런 책자, 안내 공문

14　Build-Transfer-Lease의 약자로 쉽게 말하면, 민간에서 학교 건물을 관리하고 교육청이 이 건물을 임대하여 사용하는 방식을 뜻합니다. 이런 경우에는 학교 시설물에 대한 유지·보수가 민간 업체의 책임이 됩니다.

을 활용하는 것이 생존하는 데 필수적이죠.

교육과정 제출, 학예회 준비 등 학년에서 함께 할 수 있는 일은 동학년과 학년 부장님의 도움을 받으세요. 좋은 동학년을 만나는 것은 좋은 아이들을 만나는 것만큼이나 한 해 농사를 결정짓는 아주 중요한 요인이랍니다. 혼자서 고민하지 말고 동학년과 함께 고민한다면 마음과 어깨가 한결 가벼워집니다.

학생 생활 지도나 학부모와의 관계에서 겪는 어려움과 궁금증이 있다면 일단 학년부장님, 교감선생님을 먼저 찾아가 보세요. 사안이 심각하다면 노조나 교원 단체, 교육청 소속의 변호사 등의 도움을 받는 방법도 있습니다. 학생이나 학부모와의 문제는 경력에 관계없이 누구나 겪게 되는 어려움이에요. 그러니 우리 반의 문제라고 해서 나의 문제처럼 여기지 마시고, 어려울 때는 누구한테든 도움받기를 주저하지 마세요.

질문의 종류에 따라 도움을 구할 곳들을 소개했는데요, 그럼에도 사소한 궁금증과 어려움은 계속 될 거에요. 그럴 때 나의 이 끊임 없는 궁금증을 해결해 줄 '옆 반 선생님'이 있다면 학교 생활에 적응을 하는 것이 훨씬 쉬워집니다. 왠지 아주 바빠 보이지는 않은데, 나랑 잘 맞을 것 같은 그 선배 선생님! 그런 선생님을 발견한다면 나의 모든 사회성을 끌어모아 옆 반 문을 두드려 보세요. 그런데 옆 반 선생님이 없다? 사회성도 없다? 그럴 때는 인디스쿨의 힘을 빌리는 건 어떠세요? 집단 지성의 힘으로는 해결

못 할 문제가 없답니다.

　우리는 모두 처음을 겪었어요. 미숙함은 절대로 무능이 아닙니다. 이 짧은 시기가 지나고 나면 선생님은 금세 빛을 발할 거예요. 그때까지 우리에게 필요한 건 부끄러움이나 고민, 자책, 반성 같은 것들이 아닙니다. 선생님의 고민을 함께할 공동체와 책임을 함께 져 줄 조직이죠. 현실은 생각보다 녹록지 않을 때도 있지만, 다행히도 조금만 둘러보면 우리는 혼자가 아니에요. 이 짧은 글에도 선생님의 첫 발걸음을 가볍게 하는 데 도움이 되기를 바라는 마음을 가득 담았답니다. Welcome aboard!